从零开始
做抖音
短视频

詹文庭（台球帝）——— 著

机械工业出版社
CHINA MACHINE PRESS

本书作者运营的自媒体账号"台球帝"在抖音和快手两个平台共拥有300多万粉丝量，在亲自运营的基础上，将运营短视频的经验、心得和教训汇集成书。针对短视频创作者不可避免地会遇到的问题，详细讲解了具体的解决方法和突破技巧，包括如何进行账号定位、如何快速起号、如何制作爆款短视频、如何策划选题、如何剪辑短视频、如何写文案等。针对短视频变现的痛点，作者进行了详细分析和全面复盘。对于抖音短视频运营人而言，本书具有极强的实用性，堪称短视频运营必备的实战指南。

图书在版编目（CIP）数据

从零开始做抖音短视频 / 詹文庭著 . — 北京：机械工业出版社，2022.2
ISBN 978-7-111-70237-5

Ⅰ.①从… Ⅱ.①詹… Ⅲ.①网络营销 Ⅳ.① F713.365.2

中国版本图书馆CIP数据核字（2022）第036077号

机械工业出版社（北京市百万庄大街22号 邮政编码100037）
策划编辑：曹雅君　　　　　　　责任编辑：曹雅君　蔡欣欣
责任校对：李　伟　贾立萍　　　责任印制：李　昂
北京联兴盛业印刷股份有限公司印刷

2022年4月第1版第1次印刷
170mm×230mm・17印张・1插页・179千字
标准书号：ISBN 978-7-111-70237-5
定价：78.00元

电话服务　　　　　　　　　　网络服务
客服电话：010-88361066　　　机　工　官　网：www.cmpbook.com
　　　　　010-88379833　　　机　工　官　博：weibo.com/cmp1952
　　　　　010-68326294　　　金　书　网：www.golden-book.com
封底无防伪标均为盗版　　　　机工教育服务网：www.cmpedu.com

前　言

粉丝从零到百万，我用了一年时间

美国艺术家安迪·沃霍尔说："每个人都可能在 15 分钟内出名。"然而，在短视频时代，一个人成名也许只需要 15 秒。

随着短视频的火爆，诞生了一批又一批网红，如丁真、李子柒、李佳琦、办公室小野、一条小团团等。他们在视频中的一举一动、一言一行、一颦一笑，都能瞬间聚集大量流量，这也为他们带来了丰厚的收益。

当下，有越来越多的人开始涉足短视频领域。但是，有的人做得顺风顺水，有的人却跌得头破血流。看来，短视频虽然吸粉能力超强、吸金能力惊人，但并不是随随便便就能成功的。

记得我刚开始做短视频时，虽然热情满满每天更新作品，但是毫无起色，既无流量也不见粉丝增长。坚持了几个月以后，我悲观地认为做短视频毫无前景，但是，不甘心驱使我想再次尝试一下。

我认真研究每个爆款短视频的类型、风格、文案，把每种类型的爆款短视频都模拟做了一遍，才发现短短十几秒的短视频，想要成为爆款并非容易之事，一定得触动读者的痛点，从而引爆流量。这个点可以是文案，可以是话题，可以是画面，总之一定得有一个点触动读者的心。

痛定思痛后，2019年我再次进入短视频领域，大概在2020年8月，不到半年的时间，我的账号"台球帝"在抖音和快手先后达到100多万粉丝。截至我写这本书前，"台球帝"在抖音有130万粉丝，在快手有200万粉丝，快手单条视频最高播放量8000万，涨粉20万，当然这个数据还在持续增长。

这就是做短视频的魅力，短视频的发展经历过艰难的煎熬期、等待期，会进入流量爆发期，有了稳定的流量增长后，会再次进入煎熬期，等待下一次的流量爆发。

我做账号的心路历程

回顾我做账号的经历，我的运营可以分为以下几个阶段。

1. 试水失败，放弃

2018年，看到抖音很火爆，出于好奇，我也注册了抖音账号，发布了一些视频后，也没什么流量，仅仅坚持了三个月，我盲目地以为台球类的内容不适合抖音，于是就放弃了。

现在回想起来，这次短暂的试水之所以失败，原因在于我不了解抖音的规则和调性，漫无目的地发作品，账号定位不清晰，视频内容风格混乱，导致流量始终处于疲软的状态。

2. 再次启动

到了 2019 年,"抖音""短视频""直播带货"等词汇在互联网上随处可见,我觉得抖音短视频的机会真正来了,于是我再次注册了抖音账号。

这次我给账号做了清晰的定位,账号名字为"台球帝",主要做台球类的内容,内容风格为剪辑台球赛事的精彩瞬间。确定了内容方向后,我坚持每日更新作品,同时把之前我在微信公众号上发布的比较火的斯诺克集锦二次剪辑发布到抖音上。

坚持了几个月后,账号终于开始有起色了,每天都有人关注、点赞、评论,粉丝数开始稳定地增长,虽然不温不火,但粉丝数也从 0 涨到了 10000。

3. 有所起色

2020 年 2 月左右,因为过年放假,用户刷抖音的时间增多,我的账号中开始偶尔出现爆款视频,这给了我巨大的信心继续更新作品。

我在这些爆款视频中寻找规律,发现有趣的内容比精彩集锦的内容更受欢迎。

于是,在内容上我开始寻找有趣的台球素材,并且在制作过程中加上一些有意思的字幕。

很快在 2 月底的时候,"台球帝"的抖音粉丝涨到了 20 万。

4. 迎来爆发

后来,我发现有关丁俊晖的视频似乎更容易火。于是 4 月 24 日,我在抖音发布了一条名为"邦德:丁俊晖你这样打球,是几个意思?"的视频，播放量很快突破 1000 万，一条视频就涨粉 30 万，就是这个视频让我更加确定我的定位是正确的。

于是，在内容方面我开始有了更明确的定位：丁俊晖 + 有趣的台球素材 + 有意思的字幕。有了这个定位之后，"台球帝"抖音账号迎来快速增长，粉丝量在短短三个月内从 40 万增长到 100 万，再到现在的 130 万。

5. 转型为真人出镜

剪辑类的视频虽然制作成本低，但是因为没有 IP 属性，用户黏度极低，而真人出镜更容易打造个人 IP，增加用户黏度，从变现的角度说，无论是带货还是知识变现，显然比剪辑类视频更容易一些。

为了更长远的发展，2021 年我的账号开始转型为真人出镜，刚开始转型真人出镜时，流量出现了一定程度的下滑，随着真人出镜的作品越来越多，流量开始出现增长，我接到了许多品牌商家的广告邀约。这些邀约从侧面印证了我的转型是正确的选择。

6. 变现

我的变现方式主要是在视频下挂载打台球的游戏小程序，这个变现方式和视频内容高度吻合，收益和流量是正比例的关系，流量越高，收益越高。收益越高，越促使我用心制作优质内容。

当然短视频平台提供了很多变现方式，如视频带货、直播带货、知识变现。在写作本书时，我也开通了商品橱窗功能，开始尝试视频带货，未来也许会跟随抖音发展的步伐，试水更多的变现方式。

以上是我运营"台球帝"账号的心路历程,总体而言就是摸着石头过河,借鉴优秀账号的做法,不断反思调整自己的思路和做法。当然最重要的是,每个阶段短视频平台都有自己的发展目标,每个阶段平台都有重点扶持的项目和不倡导的项目,创作者要跟随平台的步伐,和平台的调性保持一致。

我在书中都写了什么

可以说,在短视频平台,要想长期发展,内容为王是永恒的基调。只有内容才能让你的账号长期稳定地发展下去。

研究算法、技巧、互赞互粉等技巧,或许能获取一时的流量,但终究不是长久之计。

我刚开始做短视频时,去图书馆看过很多关于短视频运营的书,这些书大多在讲短视频平台的推荐算法。算法本身是为优质的短视频内容而服务的,推荐算法是在不断优化和改变的,单纯研究算法无疑是刻舟求剑。

我的抖音账号收到很多私信,向我请教如何做短视频,由于篇幅所限,我每次的回答都有些碎片化,无法真正说清楚到底如何做好短视频,所以我萌生了写一本关于短视频创作的书的想法。

在书中,我主要想和大家分享我的运营经验、心得以及我踩过的坑,主要围绕"如何制作优质内容"构建内容,基于此,关键问题有:如何从零起步做到百万粉丝?当流量增长遇到瓶颈时,如何调整让流量再次起飞？

我在本书中用了11章的篇幅解答以上问题，相信阅读完本书后，你也能像我一样从零开始做到百万粉丝。

第1章主要介绍短视频的基本常识，包括短视频的类型、发展概况、火爆原因、未来走向等，让读者初步了解短视频类型及短视频行业。

第2章主要介绍抖音、快手、微视、B站等主流短视频平台，让读者了解各个短视频平台的优势，为选择适合的平台提供参考。

第3章主要介绍短视频的定位，让读者找到最适合自己的短视频类型和内容风格，然后围绕定位打造属于自己的短视频内容体系。

第4章主要介绍短视频的账号设置，包括账号名、头像、标题封面等的设置，打造属于自己的"高流量"账号。

第5章主要介绍短视频的内容策划，通过打造优质的短视频内容成为短视频达人。

第6章主要介绍短视频的引流方法与技巧，为吸粉涨粉提供技术支持。

第7章主要介绍短视频的流量变现方式以及如何高效、快速地变现。

第8章主要介绍企业和品牌如何利用短视频宣传推广品牌及高效变现。

第9章主要介绍短视频的拍摄技巧，以及怎样制作出画面清晰、风格独特的短视频。

第10章主要介绍短视频的剪辑技巧，为拍摄制作优秀的短视频提供技术支持与帮助。

第 11 章主要介绍短视频创作者必备的工具，包括提供文案的网站和 App、提供视频素材的网站和 App、常用的视频剪辑软件和配音软件等，为短视频运营提供工具箱式的帮助。

短视频成为当下零成本、最容易成功的创业方式，一个人一部手机就能启动，如果你想在短视频行业的激烈竞争中脱颖而出，那么请认真读一读本书，相信会对你有所帮助。

作　者

目 录

前言 粉丝从零到百万，我用了一年时间

第 1 章 人人都可以做短视频

1.1	从零认识短视频	/ 003
1.2	短视频为什么会如此火爆	/ 010
1.3	短视频思维	/ 016
1.4	现在做短视频是不是太晚了	/ 019
1.5	问题及机遇	/ 021

第 2 章 认识短视频平台

2.1	抖音：记录美好生活	/ 027
2.2	快手：记录世界记录你	/ 031
2.3	西瓜：给你新鲜好看的	/ 035
2.4	微视：随便拍拍都有趣	/ 036
2.5	哔哩哔哩：年轻人高度聚集的潮流文化社区	/ 039
2.6	美拍：每天都有新收获	/ 045

第 3 章 想做短视频，先选择定位和方向

- 3.1 短视频为什么要做定位 / 051
- 3.2 定位的方向 / 053
- 3.3 账号定位的原则和步骤 / 057
- 3.4 内容定位的方法 / 060
- 3.5 用户定位的方法 / 062
- 3.6 人设定位的方法 / 064
- 3.7 抖音账号的定位方法 / 067

第 4 章 账号设置，让用户更容易记住你

- 4.1 设置账号名字 / 075
- 4.2 如何设置头像和背景壁纸 / 079
- 4.3 个人简介怎么写 / 083
- 4.4 视频封面设置 / 085

第 5 章 优质内容，让你的短视频迅速涨粉

- 5.1 做好选题策划，让你的短视频赢在起点 / 093
- 5.2 标题的拟定 / 100
- 5.3 优质内容的标准 / 107
- 5.4 怎样创作高质量的原创短视频 / 110
- 5.5 非真人出镜怎样做短视频 / 114
- 5.6 怎样做好真人出镜类短视频 / 116
- 5.7 短视频内容的禁忌和优化技巧 / 123

第 6 章 引流：裂变"涨粉"，打造爆款 IP

6.1	怎样投 Dou+ 效果更好	/ 129
6.2	账号互推引流	/ 134
6.3	抖音矩阵引流	/ 138
6.4	SEO 引流	/ 142
6.5	借助爆款短视频引流	/ 144
6.6	借力合拍引流	/ 146

第 7 章 流量变现：你的短视频价值千万

7.1	广告变现	/ 151
7.2	知识变现	/ 154
7.3	直播变现	/ 156
7.4	IP 衍生变现	/ 159
7.5	短视频带货变现	/ 160
7.6	直播带货	/ 162
7.7	加入 MCN，专注内容稳定变现	/ 166

第 8 章 短视频营销：企业和品牌主变现的超级工具

8.1	认识短视频营销	/ 173
8.2	品牌营销：提高知名度和销量	/ 178
8.3	内容营销：提升短视频的吸引力	/ 182
8.4	事件营销：巧妙蹭热点	/ 184
8.5	口碑营销：提高用户好评率	/ 188
8.6	饥饿营销：制造紧缺气氛	/ 194
8.7	逆向营销：用反其道而行博取关注	/ 197
8.8	短视频营销的注意事项	/ 200

目录

第 9 章 拍摄：短视频也能拍出大片感

- 9.1 做短视频所需要的设备 /205
- 9.2 拍摄方法与技巧 /209
- 9.3 脚本撰写 /213
- 9.4 镜头如何应用 /217
- 9.5 短视频配音 /220
- 9.6 短视频配乐 /221

第 10 章 剪辑：用匠心让短视频效果更上层楼

- 10.1 认识短视频剪辑 /227
- 10.2 视频画面过渡不自然的问题 /230
- 10.3 节奏感把握的问题 /233

第 11 章 短视频运营工具箱：让你的创作事半功倍

- 11.1 文案素材哪里找 /237
- 11.2 图片素材哪里找 /241
- 11.3 视频素材哪里找 /244
- 11.4 视频剪辑软件 /247
- 11.5 视频剪辑 App，让你成为短视频剪辑高手 /251
- 11.6 配音软件，优化短视频配音 /257

第1章

人人都可以做短视频

> 短视频虽然门槛低，人人都能参与，但真正想做好短视频，必须依靠专业化的运营。
>
> 也就是说，如果你想利用短视频来创业，就必须把它当成事业来经营，你要考虑内容定位、盈利模式、拍摄方法、剪辑技巧等各种问题。本章就先聊一聊有关短视频的基础知识。

本章导读

1.1 从零认识短视频
1.2 短视频为什么会如此火爆
1.3 短视频思维
1.4 现在做短视频是不是太晚了
1.5 问题及机遇

1.1 从零认识短视频

学做短视频之前,我们有必要先了解什么是短视频。

短视频是指在各种互联网新媒体平台上播放的、适合在移动状态和休闲状态下观看的视频内容,时长从几秒钟到几分钟不等(一般在 30 分钟以内)。

1.1.1 短视频的类型

根据内容的不同属性,可以将短视频分为娱乐解压类、知识类、生活类、情感励志类、时尚类、新闻热点类等。在这些类别中,娱乐解压类、生活类和知识类在数量上是多于其他类别的。

下面我们就介绍这三类短视频。

1. 娱乐解压类

在不同类别的短视频中,娱乐解压类是数量最多、范围最广的一类短视频。毕竟娱乐是短视频的第一大功能。凡是满足用户娱乐需求的短视频,都属于娱乐解压类的短视频。

具体而言,娱乐解压类的短视频有以下几种类型。

(1)情景短剧。这类短视频多以故事型创意为主,在各个短视频平台具有超高的点击量和浏览量。

（2）搞笑类。随着短视频平台越来越多，大量草根争相在各个新媒体上输出搞笑类型的视频内容，在碎片化传播的今天，这类短视频为人们提供了娱乐谈资，丰富了人们的生活，缓解了人们的压力。但是，做搞笑类短视频必须有自己的想法，尽量避免同质化，否则很难引起用户的兴趣。

（3）温暖治愈类。这类短视频最大的特征就是具有强大的治愈力，能温暖和治愈他人。它的具体内容可以是美景，可以是动物，可以是事件，可以是故事，也可以是语言。

例如抖音上比较火爆的军人和萌娃互敬军礼、宝宝天真可爱的生活日常、呆萌宠物的憨态可掬等。

这类短视频之所以受到用户的欢迎，原因是快节奏的工作和生活给人们带来了巨大的压力，人们需要一些温暖治愈的东西来抚慰心灵，缓解压力，振奋精神，治愈自己。

（4）萌宠。萌宠类短视频在短视频平台占了很大的比重，也是备受用户欢迎的短视频类型。小动物长得可爱再加上点搞笑的表情或行为，圈粉能力一流。

（5）才艺展示。才艺展示类短视频也是各大短视频平台的重头戏，很多短视频创作者通过展示自己的才艺，如唱歌、跳舞、画画、书法、做手工、演奏乐器等，收获了大批粉丝的关注和喜爱。

（6）正能量类。正能量类的短视频，给人战胜挫折和困难的勇气，给人积极向上的动力，给人信心和希望，给人阳光和温暖，这是每个人都需要的，所以自然受到用户的点赞和欢迎。

（7）创意剪辑。利用剪辑技巧和创意，制作出或精美或震撼或搞笑的短视频，同时加入解说、评论等元素，也是时下颇受大众喜爱的一种短视频。

我早期的视频内容就属于创意剪辑类，围绕"丁俊晖+有趣的台球素材+有意思的字幕"制作短视频。

2. 生活类

生活类短视频是以真实生活为创作素材，以真人真事为表现对象的短视频形式。这类短视频范围广，素材多，内容生活化、接地气，而且容易上手操作，因此受到创作者和用户的双重欢迎。

（1）美食分享。美食分享类短视频在各短视频平台也非常受欢迎，色香味俱全的美食受到很多用户的青睐。

（2）美容美妆。美容美妆类短视频不仅容易制造网红，而且颇受人们的欢迎。毕竟爱美之心人皆有之，视频中那些免费的美容美妆方法，正好迎合了爱美人士的需求。

（3）旅行旅游。"来一场说走就走的旅行""这个世界不只有眼前的苟且，还有诗与远方""爸爸去哪儿""花儿与少年""花样爷爷"，这些火爆的句子和综艺，都是旅游类视频受欢迎的见证。

不管是徒步游、单车游，还是自驾游，把旅途中的景点和见闻拍成视频发到短视频平台，能收到一大批粉丝的关注和点赞。

（4）街头采访型。街头采访也是目前短视频中比较热门的一种形式，这种短视频具有超强的话题性，而且制作非常简单，所以颇受广大都市年轻群体的欢迎。

3. 知识类

知识类短视频主要是通过短视频教用户一些知识和技能，如电脑知识、育儿知识、法律知识、投资理财知识、生活技能等。这类短视频实用性和实操性极强，自然受到用户的欢迎。

知识类短视频因为兼具知识的专业性和实用性，因此非常适合在短视频平台传播，且受众面非常广泛，传播效果极佳。

（1）科学知识。科学知识的范围非常广泛，如自然科学知识（数理化学科等）、各种科学技术知识（工程学、航天技术等）及科幻探索类科学知识等。

（2）人文知识。人文知识的范围也很广，如文学、历史、哲学、心理学、法律、艺术、美学等。

（3）财经知识。这类短视频主要包括商业资讯解读、商业人物、商业故事、投资理财知识科普等。

（4）读书书评。这类短视频主要包括图书、有声书的内容解读。用户通过这些解读，可以大体了解一本书的内容和价值，有利于用户选择适合自己的图书。

（5）技能分享。这类短视频可谓包罗万象，如书法、绘画、摄影、口才、电脑软件操作方法、修车等，任何一技之长都可以成为短视频的内容素材。

（6）影视科普。主要包括影视剧的幕后信息补充、影视行业分析、专业拉片、影视理论科普等知识。

（7）艺术教学。主要是各类艺术学科的教学，如声乐、乐器、舞蹈等的理论知识和技巧讲解。

（8）体育教学。主要是各类体育项目的教学，如足球、篮球、排球、羽毛球、台球、象棋、围棋等知识的讲解。

（9）健康科普。主要包括中医养生、食疗、疾病预防、健康护理、急救常识、营养科普、心理疏导、情绪调节等。

（10）种植养殖。主要是农耕、养殖技术的知识讲解。

短视频的类型如图 1-1 所示。

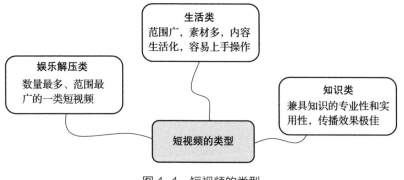

图 1-1 短视频的类型

1.1.2 短视频的发展历程

视频的发展，经历了一个由长到短的过程。我们可以把 2000 年年初那些长视频看作短视频的前身。

2004 到 2011 年，优酷、土豆、乐视、爱奇艺等视频网站相继成立，并且用户量快速稳步提升，自此，全民迈入视频时代。

2011 年后，移动互联网终端越来越普及，短视频凭借其"短而快"的传播优势，迅速迎合了大众碎片化内容消费的需求，从而获得了各大内容平台、粉丝及资本的支持和青睐。

下面我们简单梳理短视频的发展历程。

1. 萌芽期（2011—2013 年）

2011—2013 年，移动短视频"小荷初露"，但由于移动网速的限制，发展缓慢，直到 2013 年，短视频平台秒拍、微视才开始逐渐流行。大致发展过程如下：

2011 年：快手 App 诞生，诞生之初以制作 GIF 图片为主。

2012 年：快手转型开始做短视频，迅雷则发布了有料 App。

2013 年：腾讯微视、秒拍、小影、魔力盒上线，并且秒拍与新浪微博达成合作，成为其内嵌应用。

2. 成型期（2014—2015 年）

随着短视频 App 逐渐流行，2014—2015 年，越来越多的企业和创业者涉足短视频领域，出现了一大批短视频 App。大致发展过程如下：

2014 年：美拍、小红唇上线。

2015 年：蛙趣视频、小咖秀上线。

3. 爆发期（2016—2018 年）

2016—2018 年，是短视频的爆发期，其中 2016 年被称为"短视频元

年",多个平台和 App 进入短视频领域,抖音、快手等具有代表性的短视频 App 开始崛起。大致发展过程如下:

2016 年:火山小视频、抖音、梨视频上线。

2017 年:土豆开始转型做短视频,今日头条发布了西瓜视频,腾讯重启了微视,360 快视频、百度好看视频也相继上线。

2018 年:腾讯多次领投快手,今日头条完成对 Faceu 的收购,爱奇艺则推出纳豆 App。

4. 蓬勃发展期(2019—2021 年)

2019—2021 年,短视频平台仍处于快速增长期,不断有新的短视频平台涌入市场,并且大部分平台在定位、内容和目标用户上差异化明显,这对短视频行业的健康有序发展十分有利。

未来几年,短视频行业的市场格局将迎来洗牌期,短视频平台方将会出现三种趋势。

(1)整合和淘汰。用户将会逐渐涌向少量的头部平台和垂直细分领域的腰部平台,大量中长尾平台将面临被整合甚至被淘汰的命运。

(2)拓展海外市场。随着国内市场的逐渐饱和,一些实力雄厚的短视频平台方将会把战略重点转到海外市场。

(3)以内容资源为竞争核心。随着竞争的加剧,越来越多的短视频平台方将会涉足 MCN 业务,与内容方建立直接的联系,以争夺优质的内容资源,提升自己的市场竞争力。

1.2 短视频为什么会如此火爆

提起时下什么最流行、最火爆，那一定非短视频莫属。以抖音、快手、微视为代表的短视频App可以说是近几年最火的事物了。据抖音发布的《2020抖音数据报告》显示，截至2020年8月，连同抖音火山版在内，抖音App的日活跃人数已经突破6亿。截至2020年6月，快手的日活跃用户数已经突破2.5亿。

腾讯推出的视频号，从2020年年初上线到2021年年初，仅用了一年的时间，视频号日活数突破3亿。

那么，短视频为什么会如此火爆呢？主要有内在原因和外在原因两方面的原因，下面分别介绍。

1.2.1 短视频火爆的内在原因

短视频火爆的内在原因主要有以下几点，如图1-2所示。

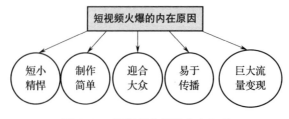

图1-2 短视频火爆的内在原因

1. 短小精悍

短视频的时长很短，一般在 15 秒 ~5 分钟，迎合了人们快节奏的生活，很适合成为人们学习和工作之余的娱乐节目，舒缓紧张的神经。

"麻雀虽小，五脏俱全"，短视频虽然时长短，但是通过剪辑加特效的方式，融合了拍摄技巧、音乐、故事、画面等多种元素，可以同时调动人的视觉和听觉，这在很大程度上弥补了文字和图片表意的单一性，给人们提供了更优质的用户体验。

同时，因为时长有限，为了吸引观众，创作者会费尽心思地将短视频的内容做得精彩、丰富、有趣，所以它更容易被观众喜欢和接受。

2. 制作简单

传统视频，如电影、电视剧等制作门槛较高，往往需要专业团队才能完成。相比较而言，短视频对创作者的要求就低多了，它具有很强的大众参与性，只需要一部智能手机，就能完成短视频的拍摄、剪辑制作与上传的工作，人人都可以参与到短视频的拍摄中来。这就吸引了越来越多的人加入短视频创作的队伍。

3. 迎合大众

前面我们说过，短视频内容丰富多样，但是相比较而言，轻松、搞笑类视频所占的比重是最大的，人们在工作和学习的压力之下，最喜欢的莫过于找点乐子，轻松、搞笑的视频正好迎合了大众需求，这也是短视频的流量和热度一直有增无减的原因。

4. 易于传播

由于短视频制作简单，更易被用户接受和喜爱，发布渠道多样，创作者能轻轻松松在平台上分享自己的短视频，同时也能观看、评论、点赞他人的短视频，这就促成了短视频的裂变式传播和在熟人间传播，使短视频传播的力度更大、范围更广、交互性更强。

5. 巨大流量变现

短视频的自身优势隐藏着巨大的潜在流量，一旦一款短视频火爆全网，就会给短视频创作者带来巨大流量，而大流量必然带来不菲的收益，高收益必然吸引更多的人加入短视频的行列。

1.2.2 短视频火爆的外在因素

短视频之所以能成为时代的宠儿，除了其自身特点外，外界技术、资本、用户、传媒机构等多方力量的追捧和扶持也是其快速发展的助推器（见图1-3）。

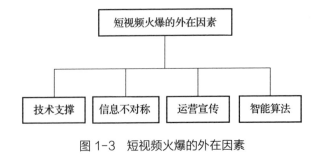

图1-3 短视频火爆的外在因素

1. 技术支撑

技术是推动短视频发展的前提条件，短视频的发展离不开媒介技术的支撑，网络传播速率的提高也为短视频的快速传播提供了捷径。随着 5G 时代的到来，短视频将会得到进一步的发展。

2. 信息不对称

由于生活压力和碎片化的阅读习惯，人们通常会选择那些短小精悍、足够吸睛的信息来阅读。媒体为了迎合受众的这种习惯，同时也为了提高信息的到达率，于是把信息中那些重点内容剪辑成短视频，从而形成了更符合受众需求的新传播形态。

3. 运营宣传

一些企业的运营宣传，是短视频火爆的重要推力，从签约流量明星到冠名综艺节目，短视频 App 几乎时时处处出现在人们眼前，而且很多短视频 App 采取裂变的运营模式，让用户自发成为其宣传推广者，从而令用户的规模越来越大。

4. 智能算法

以抖音为代表的短视频 App，通常采取以用户匹配度、视频热度和发布时间为主要推荐维度的算法机制。算法机制给用户推荐的都是其感兴趣的内容，这在很大程度上优化了用户碎片化的娱乐消费体验。

换句话说，通过这种推荐机制，用户就能从五花八门的短视频中迅速获得更精准、更满意的内容。

1.2.3 爆款短视频的共同特点

短视频虽然火爆，但不是所有短视频都能成为爆款短视频。点击率高、传播快的爆款短视频通常都有以下一些共同特点（见图1-4）。

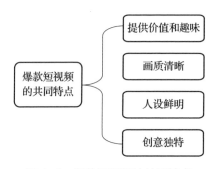

图1-4 爆款短视频的共同特点

1．提供价值和趣味

爆款短视频的第一个特点就是能给观众提供某种价值和趣味。一个短视频即使再火爆，如果让人看完觉得没有任何价值，也没有任何趣味性可言，那么它也不能叫爆款短视频。

真正的爆款短视频，要么能给人提供价值，要么有趣，能给人带来快乐。要么新颖，能带给人新鲜感。

2．画质清晰

爆款短视频的第二个特点是画质清晰，它能给用户带来良好的视觉体验。很多短视频虽然内容很好，但是因为清晰度不够，很容易被用户

"一划而过",导致短视频没有很好的完播率。

要知道,完播率是一个短视频质量评价的重要指标,其重要性甚至超过点赞率、评论率、转发率和收藏率。

现在很多爆款短视频的画质甚至达到了电影的标准,可见,更清晰、更专业的摄影设备已经成为短视频创作者不可或缺的工具。

3. 人设鲜明

一个短视频账号如果没有鲜明的人设标签,很难给用户留下深刻的印象。

要想有鲜明的人设,在准备运作短视频初期,就要做好账号定位,计划好账号内容要专注的领域,这样你的短视频账号才能吸引精准用户。

比如,在抖音平台拥有2900多万粉丝的黑脸V,他发布的每一条视频几乎都有几十万的点赞量,这主要得益于他鲜明的特色——特效技术。他用独特的特效技术配以创意的剧情,给用户提供了极佳的视觉体验,用户的黏性极高。

4. 创意独特

爆款短视频一般都有创意性的内容,独特的风格,这是形成持续爆款作品的重中之重。比如抖音上坐拥2400多万粉丝的办公室小野,她的每一个视频几乎都有几十万的点赞量,这主要是因为其短视频内容在角度、个性和风格上都很新颖。比如在做美食这件事上,经常脑洞大开,引得粉丝疯转,从平凡中找创意是她成功的最大因素。

1.3 短视频思维

很多人都投身于短视频的创作,希望在短视频的红利期分得一杯羹,但是做了一段时间后,却发现自己做的短视频没有一个能火起来,账号的粉丝更是少得可怜。

究其原因,不在方法,而在思维——想做好短视频,必须首先具备短视频思维,否则做出来的短视频很难有流量。

优秀的编剧能写好影视剧本,但不一定能写好短视频的脚本;优秀的导演能拍出叫好又叫座的一流大片,但不一定能拍好短视频;专业的摄像师能拍出令人拍案叫绝的电影场面,但不一定能拍好短视频的一个小场景。

为什么?术业有专攻。在影视领域,他们是专业的,但是在短视频领域,他们却是业余的。不懂短视频思维的人,自然也就玩不转短视频。

那么,究竟什么是短视频思维?我们可以用下面6个词来概括,如图1-5所示。

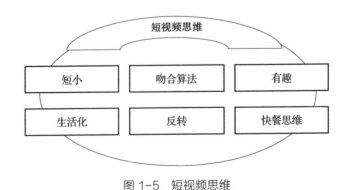

图1-5 短视频思维

1. 短小

为什么叫短视频？关键在一个"短"字，你做出来的视频一定要短小精悍，这是一种算法思维。每天发布在视频平台的短视频何止千万，平台不可能推荐每一条短视频，它是根据数据反馈来决定是否要对一条短视频继续推广。

在所有反馈数据指标中，完播率是最重要的一个指标，影响完播率的重要因素除了视频内容之外，更重要的是时长。

短视频是一种浓缩的精华内容，1 小时的素材需要 5 分钟讲出精华，5 分钟的素材需要 30 秒讲出精华，30 秒的素材需要 10 秒讲出精华。

短视频要讲的就是精华中的精华，越短越好。这就要求创作者在写短视频文案时，一定要惜字如金，能少一字绝不多一字，每一个字都要用到刀刃上。

2. 吻合算法

在短视频时代，原来的粉丝思维已经派不上用场，关键是短视频内容是否符合平台的算法。符合平台的算法，你的短视频就能迅速获得平台的推广曝光，收获大量的粉丝和流量；不符合平台的算法，你的短视频就如同石沉大海，激不起一丝波澜。

3. 有趣

图文时代，要求创作者具备内容思维，只有你创作的内容有知识含量，也就是"有料"，让粉丝看了有收获，你才能源源不断地收获粉丝和利益。

而短视频时代，则要求创作者具有娱乐思维，只有你创作的内容有娱乐性，也就是"有趣"，让用户看了开心，你才能不断地收获流量和财富。

4. 生活化

生活是一切的根本，李子柒、华农兄弟、二米炊烟等饮食文化类的短视频创作者，之所以拥有庞大的粉丝群体和惊人的吸金能力，原因就在于他们把对生活的热爱拍摄成了短视频，向用户展示他们的生活。

所以，短视频的内容一定要生活化、接地气，这样才能吸引广大用户的关注和喜爱。

5. 反转

反转思维是剧本写作的必备技能，一个好剧本，剧情要有反转，才能让故事起伏跌宕，引人入胜，出人意料。

短视频虽短，但是反转思维也是写短视频剧本不可或缺的技能。

短视频脚本如果没有任何反转，没有任何落差和意外，观众就会觉得味同嚼蜡、毫无可看性，这样的短视频，怎么能赢得观众的关注和喜爱呢？

6. 快餐思维

在短视频时代，快餐思维非常重要，前期不需要太多的准备，不需要长时间的酝酿，脑子里有创意了，马上付诸行动，写脚本、开拍、剪辑、发布，美美地在镜头面前展示自己，甚至可以像点快餐一样，立刻联系专业的短视频公司来给自己拍短视频。

1.4 现在做短视频是不是太晚了

短视频的火爆的确催生了一大批网红，这些网红凭借超高的流量收获颇丰。这也让很多人跃跃欲试。那么，他们还有机会吗？短视频还能火多久？现在开始做还来得及吗？会不会太晚了？

纵观互联网的发展历史，不难发现，每一次风口都会造就一大批优秀企业和成功人士：2009年淘宝成为中国最大的综合卖场；2010年微博崛起；2013年微信成为巨大的风口；2016年自媒体霸占了互联网的半边天。

展望互联网未来的发展，仍然是短视频的天下。为什么这么说呢？

1. 短视频平台仍处于生长期

以抖音为代表的短视频平台，目前仍处于野蛮生长期，都在积极扩张，用户量仍在持续增长，整个短视频行业还处于上升期。

据《2021抖音数据报告》显示，截至2021年4月，抖音日活跃用户数量达到6.8亿，成为我国最大的短视频平台。另一短视频平台快手在2021年5月公布的日活跃用户数量超过2.9亿。未来，短视频的用户还将持续增长。

2. 5G将催生短视频下一个风口

随着5G时代的来临，网速和流量将大幅度提升。5G必将带来视频和直播的全面爆发，商业世界会全面进入视频和直播电商时代。这也意味着未来5~10年将是短视频的下一个风口，短视频必将迎来新一轮的大爆发。

3. 新人有可能成为头部达人

在抖音发布的《2020抖音创作者生态报告》中，数据显示2020年以来，新成长为百万粉的作者有7109位，其中85%是从普通人成长起来的原生创作者。

新成长为万粉的作者有725 969位，其中88%是从普通人成长起来的原生创作者。

2020年一年，抖音创造带动的直接和间接就业岗位达到3617万个，相当于上海常住人口的1.5倍。抖音有收入的创作者人数超过2200万，总收入417亿元。

抖音为每个普通人提供了一个施展才能的舞台，一个身影、一支神曲、一座城市、一次普通人的生活记录，都有可能引起全网共鸣。

普通人通过抖音，可以成为影响别人的头部网红，也可以实现致富的梦想。例如，90后消防员靠抖音直播卖蜂蜜实现千万元收入，而广东渔民雷芳则通过直播带货销售当地海鲜，月销售额超过100万元。

所以说，现在正是放开胆子、甩开膀子、迈开步子加油干的时候。不过，要提醒创作者的是，简单粗暴的内容已经无法吸引用户了，要想在短视频领域杀出一条成功之路，必须在创意、内容、营销等方面探寻新的发力点，挖掘新的行业增长空间。

1.5 问题及机遇

和其他事物一样,短视频的发展虽然如火如荼,但是也不可避免地面临着一些问题,主要表现在以下几个方面。

1. 内容同质化严重

由于短视频流量惊人,且内容创作门槛低,制作过程简单,所以吸引了大量非专业人士的涌入,这也导致了短视频原创作品不足、优质内容稀缺、内容同质化严重的问题。

一旦某类短视频蹿红,或者某个话题上了热搜,就会有很多短视频创作者一窝蜂地发布内容雷同的短视频。同质化的短视频一旦多了,不但价值会大打折扣,还会让观众产生审美疲劳,不利于短视频行业的良性发展。

2. "三俗"内容多

短视频的低门槛吸引了大量参差不齐的创作者,在这种情况下,生产出的短视频内容必然没有质量的保证,再加上短视频的利益刺激,创作者为了博眼球、吸流量,很容易导致"三俗"内容的泛滥。

当短视频平台在为用户提供"沉浸式"的观看体验时,用户很容易浸入短视频营造的环境当中,如果用户在平台上肆意发表不当言论而不受管制，会在短视频平台内带来不良风气，影响社会环境。

而且，由于我国短视频平台未实行分级制度，未成年人也能轻易接触这些不良内容，这必然会给他们的价值观和身心健康带来不良影响。

3. 内容肤浅导致思维惰性

基于短视频强大的娱乐功能，很多人沉浸于短视频中打发时间，娱乐消遣，缓解压力。当人们习惯性地处于由自身兴趣所引领的信息领域时，很容易将其思维局限在像蚕茧一般的茧房中。

短视频行业潜藏着很多无形的信息茧房，当用户在短视频平台看多了肤浅的视频内容后，就会在无形中养成肤浅的思维方式，久而久之，他们就无法再去接受和思考层次更深刻的短视频，他们的思维就会产生惰性，独立思考的能力也会逐渐弱化。

4. 知识产权争议

短视频平台还存在不少知识产权争议问题，一些短视频创作者为了吸引流量，未经许可，私自复制、截取、发布他人的原创视频，这不仅会损伤用户原创内容的积极性，还会影响短视频平台和整个短视频行业的健康发展。

基于短视频发展中面临的种种问题，可以预见，短视频平台为了获得长远的发展，会不断加大监管审核力度，建立社会效益和经济效益相统一的短视频创作生产机制。

短视频平台会从以下两个方面构建短视频网络空间秩序：

（1）提高短视频审核效率，建立严格的审核机制，对短视频的内容进行严格把关。

（2）对三观不正、"三俗"、负能量、侵犯知识产权等类型的短视频，平台会进行删除，或者不予推荐。

平台对内容的严格审查，对于真正的内容创作者而言是重大的机遇。

"内容为王"是新媒体时代永恒不变的真理，短视频创作者只要坚持创作优质内容，打造健康、正能量的内容，赋予短视频正确的世界观、人生观和价值观，就会在激烈的竞争中脱颖而出。

从零开始做
抖音短视频

第 2 章

认识短视频平台

不同的短视频平台有不同的调性和优势,面对如此多的短视频平台,创作者到底选择入驻哪个平台呢?

本章将盘点分析 6 个具有代表性的短视频平台:抖音、快手、西瓜、微视、哔哩哔哩和美拍,希望对创作者有所帮助。

本章导读

2.1 抖音：记录美好生活

2.2 快手：记录世界记录你

2.3 西瓜：给你新鲜好看的

2.4 微视：随便拍拍都有趣

2.5 哔哩哔哩：年轻人高度聚集的潮流文化社区

2.6 美拍：每天都有新收获

2.1 抖音：记录美好生活

抖音是短视频创作者首选的平台，抖音是由今日头条孵化的一款音乐创意短视频社交软件，该软件于 2016 年上线，是一个面向各年龄段群体的短视频社区平台。

2.1.1 抖音有哪些优势

抖音是短视频最具代表性的平台，和其他短视频平台相比，它具有以下几个优势：

1. 用户群体量大

抖音的用户量非常大，是短视频的主流阵地。2016 年 9 月，抖音首期产品正式上线，推出仅仅半年后，用户量就达到了 1 亿。

截至 2020 年 8 月，连同抖音火山版在内，抖音 App 的日活跃人数已经突破 6 亿。而且，抖音平台的用户范围非常广，年龄、职业等呈现出多元化的特点。

2. 能进行精准推送

向用户精准推送内容，是抖音最大的优势，也是抖音能在短短几年内发展为头部平台的核心原因。

抖音能利用画像分析用户的兴趣爱好,然后根据用户的兴趣爱好进行有针对性的推送,这不仅可以在很大程度上减少对用户的干扰,还有利于短视频创作者吸引更精准的用户群体。

3. 用户质量高

抖音的用户不仅活跃度非常高,而且黏性非常强,在内容消费时长、使用频次上远远超过其他短视频平台。这也是大部分创作者选择抖音作为创业平台的原因。

4. 内容品类多元化

抖音拥有多元化的内容品类,可谓百花齐放,百家争鸣,这种宽松的氛围吸引了人才和团体的入驻,从而促进了抖音的进一步繁荣。

2.1.2 抖音有哪些功能

抖音不但用户量庞大,而且黏性极高,但是对于一个新手来说,想要玩转抖音,首先要了解它的功能。下面我简单介绍抖音有哪些功能(见图2-1)。

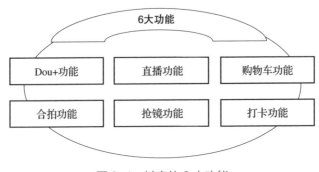

图2-1 抖音的6大功能

1. Dou+ 功能

Dou+ 功能是抖音推出的一个付费推广功能，简单说就是你给抖音平台钱，平台给你更多推荐，提高你的曝光率和播放量。

这个功能对于抖音新账号非常有用，因为新账号前期没什么粉丝量，Dou+ 可以快速提高新账号作品的推荐量和播放量，为新账号增加流量和粉丝。

2. 直播功能

在抖音的营销功能中，最重要的功能就是直播功能。因为直播是现场跟粉丝沟通互动，所以很容易吸粉涨粉，有助于增加粉丝的黏性，是粉丝流量变现的最快捷渠道。

在直播过程中，不但能放上产品的购买链接，引导粉丝进行购买，还能获得粉丝的打赏，所以直播功能受到很多人的追捧。

3. 购物车功能

抖音的购物车功能为短视频创作者提供了一个便利的变现渠道，创作者在视频内容中可以直接带上商品链接，如果有用户点击链接购买，创作者就可以获得分成。

如果你本身就是淘宝店主，有产品有货源，那么可以直接通过抖音引流卖货，会获得非常高的转化率。

4. 合拍功能

分屏合拍是一种全新的视频互动玩法，也是抖音最吸引人的功能之一，一个视频界面能同时显示他人拍摄的多个视频。

通过合拍，创作者不仅能获得热门视频的流量，还能在创作短视频内容时拥有更大的互动空间，发挥更丰富的想象力。

合拍功能操作非常简单，先选择一个自己喜欢的视频，然后点击"分享按钮"，选择合拍功能，就能和自己心仪的视频合拍了。

5. 抢镜功能

抢镜功能和合拍功能类似，都是在原视频的基础上进行操作。选择"抢镜"后，会进入正常的拍摄界面，拍摄界面左上角会出现一个长方形镜头界面，创作者接下来要拍摄的内容，都会出现在框内。

拍摄时，创作者可以使用左下角的道具功能为视频增加特效。

在使用抢镜功能时，创作者需要注意两个问题：

（1）在拍摄过程中，白色抢镜视频框可以按照视频创作者的需求随意更改位置，这大大方便了创作者制定拍摄计划。

（2）已经发布的抢镜视频可以继续进行抢镜操作，在选择抢镜功能时，界面会弹出两个选择：抢镜当前视频和抢镜原视频。如果选择前者，就要对当前已添加抢镜的视频进行创作编辑；如果选择后者，则要对原视频进行创作编辑。

6. 打卡功能

对抖音上喜欢拍照的用户来说，光顾一些个性的网红打卡胜地比在著名景点留影更有吸引力。为满足这些用户的需求，抖音推出了"拍照打卡地图功能"，点击定位不仅能瞬间获得打卡地的具体位置，还能看到所有曾在这个地点定位过的视频。

对于喜欢自驾游的朋友来说，抖音地图打卡功能更是一个福音，通过这个功能，他们不仅能获得观赏一座城市的视角，还能找到和结识有共同兴趣爱好的抖友。

打卡功能是抖音在社交上的一种发力，毫无疑问，这种发力为抖音吸引了大批的用户。

通过对抖音优势和功能的解析，我们可以说，抖音是目前短视频领域的超级 App，如果想涉足短视频创作领域，抖音是首选平台，因为抖音在用户量级和相关后端服务上具有无与伦比的优势，而且为了方便创作者进行短视频创作，抖音官方还推出了很多实用的教程。

2.2 快手：记录世界记录你

快手是北京快手科技有限公司推出的一款短视频 App。其前身叫"GIF 快手"，最初是一款制作、分享 GIF 图片的手机应用，后来顺应短视频的大潮，转型为短视频 App。

2.2.1 快手有哪些优势

快手的优势主要体现在广告投放和带货两个方面，下面分别介绍。

1. 广告投放的优势

据 2021 年 5 月快手科技的统计显示，2021 年第一季度，快手的平均日活跃用户数达到 3.792 亿，拥有庞大的用户群体。这就为广大商家提供了很好的广告营销平台。

快手的广告投放具有很强的优势，主要表现在以下几个方面：

（1）快手的广告会直接在快手视频流中出现，用户刷到它，就和刷到其他普通视频是一样的，阅读体验很好，用户不容易产生反感。

（2）快手拥有海量的用户数据和强大的数据分析能力，可以对客户进行精准分类，让商家根据用户的年龄、性别、兴趣爱好、收入水平等进行广告定向投放，帮助商家找到目标用户。

（3）快手可以投放各种广告形式，比如小视频、静态单图、静态多图等。商家可以根据自己产品的特点，为用户提供多种选择。

（4）据统计，快手 80% 以上的用户都在 20~40 岁，这个群体消费力强，是消费的主力军，且比较容易接受新生事物，所以商家在快手投放广告，更容易提高产品的曝光率和转化率。

2. 带货的优势

据统计，快手有一些头部红人，直播几分钟就能成交几千单，一天带货销售额上亿元的大有人在。如此强大的带货能力，吸引了很多品牌商和企业入驻快手。

对于运作快手视频账号的人来说，只要用心经营，就有机会成为带货高手，获得高额的回报。

那么，快手的带货能力是怎么打造出来的呢？

（1）普惠式算法。作为一款短视频内容输出的App，快手一直秉持去中心化的底层设计理念，坚守公平公正的算法，实现了让每个普通人被看见的初衷。这就是快手的普惠式算法，这种算法使很多做内容电商的商家在快手获得了曝光和崛起的机会。

（2）超级日活跃量。一个平台的带货能力有多强，是由平台的日活跃用户数量决定的。据统计，截至2020年6月30日，快手主应用平均月活跃用户数为4.85亿，平均日活跃用户数为2.58亿。从数据上看，快手的用户以三四五线城市为主，一二线城市为辅。

从购买的产品类型来看，快手用户最喜欢购买的产品是零食、美妆、服饰、农副产品、健身用具等。在用户上传的教育类视频中，用户最感兴趣的学习内容为音乐、绘画、英语、美食等。正是因为快手拥有如此高的日活跃量，很多内容创作者才得以将自己打造成红人，为带货提供了强大的流量支持。

（3）信任的建立。相信大家对"老铁"一词并不陌生，"老铁"相当于方言中的"铁哥们"，用来比喻朋友之间的关系非常亲近、牢靠、值得信任、像铁一样坚固。快手正是因为秉承着"老铁"的理念，赢得了众多用户的信任，获得了强大的带货能力。

比如快手上坐拥836万粉丝的"保定府磊哥"，他带的货以自家生产的瓜子和其他零食为主，而他的视频作品多是以拍段子的方式回顾自己的创业历程，粉丝购买他的产品，多是因为信任的建立。能把毫无关系的陌生人变成相互信任的"老铁"，商品的转化率自然会高得多。

（4）快手电商平台配置。快手和淘宝合作，将快手小店升级成了电商服务市场。快手的每一个主播，都能凭借身份证申请开自己的小店，而商品的货源则是有赞提供，这样使得每个人都有机会在快手上获得财富。

作为商家提供资质和证件后，等店铺申请下来便可上传商品。此外，利用淘宝口令的形式也能将淘宝或天猫店放入自己的视频和直播中。

2.2.2 快手有哪些隐藏的功能

快手有一些隐藏功能，这些功能对提高粉丝量和视频作品播放量具有很大的作用，下面我就简单介绍这些隐藏功能。

1. 视频的拍摄长度

快手的第一个隐藏功能是视频的拍摄长度。很多人只知道点击快手的摄像按钮只能拍摄11秒钟左右的短视频，也就是随手拍，其实快手还可以拍1分钟或5分钟的长视频。

2. 保存到本地

快手能将录制好的视频作品保存到本地作品集，等合适的时机再发布到快手上。

操作方法很简单，拍完作品后进入视频编辑页面，点击下一步进入发布页面，然后点击左上角的返回按钮，这时会跳出两个选项提示"保存并退出"和"返回编辑"，选择"保存并退出"，就可以把你的作品保存到本地作品集，等到想发布时，可以随时拿出来编辑发布。

2.3 西瓜：给你新鲜好看的

西瓜视频是字节跳动旗下的中视频平台，以"点亮对生活的好奇心"为口号，下面我们就一起看看西瓜视频有哪些功能。

1. 4K 画质

4K 画质属于超高清分辨率，约等于 800 万像素，是 1080P 分辨率的 4 倍。

在这种分辨率下，观众能看清画面中的每一个细节，每一个特写，从而享受到更丰富、更沉浸的电影级视听体验。

目前，西瓜视频的 4K 画质是面向所有用户和创作人免费开放的，为所有用户在不同观看场景下提供了丰富的选择，包括标清 360P、标清 480P、高清 720P、高清 1080P、超清 2K 和超清 4K。

2. 边看边买

西瓜视频的边看边买功能主要服务于创作者，并且能为创作者带来一定的收益。具体做法是，在视频中植入和视频内容相关的商品卡片，用户在观看视频的过程中，如果对商品感兴趣，就可以点击商品卡片进行购买，创作者就可以获得一定的佣金分成。

3. 西瓜直播

西瓜直播是西瓜视频的"直播平台"，每个人都能通过人工智能和关注关系发现自己喜欢的直播，创作者们也可以通过西瓜的直播平台向广大用户分享自己的直播。

西瓜直播有一个独特的优势，就是直播内容能通过西瓜视频和今日头条分发给开播者的粉丝、潜在粉丝和可能对直播内容感兴趣的用户，让创作者通过直播吸引粉丝、沉淀粉丝，获得收益。

4. 西瓜大学

2019年12月，西瓜视频的"进击课堂"升级为"西瓜大学"，成为西瓜视频唯一的对外官方自媒体培训平台，广大视频创作者、自媒体从业者都可以通过这个平台接受全方位的免费中视频培训。

目前，西瓜大学承接、输出全方位的视频课程、直播课程和线下实训课程，以全面提升自媒体从业者的创作能力。

自上线以来，通过解读平台推荐规则、分享后台功能使用技巧、为创作者提供爆款视频和IP打造思路方向等课程内容，西瓜视频帮助成千上万的创作者提高了运营能力。

2.4 微视：随便拍拍都有趣

微视是腾讯旗下的一个短视频平台，2020年初上线，截至2021年初，仅用了一年。微视日活数突破3亿。

通过这个平台，用户不仅能浏览各种短视频，还能将自己的见闻、才艺、技能、观点等创作成短视频分享给粉丝。

微视最大的优势在于，和微信、QQ等社交平台是相通的，用户在微视看到或发布的视频，还可以分享给自己的微信好友或QQ好友、微信朋友圈、QQ空间和微博等社交平台。

下面我们就来看看微视有哪些特色功能。

1. 互动视频

2019年初，微视推出了互动视频功能，并陆续推出投票视频、多结局视频、解锁视频等多种玩法，并在2019年春节微视视频红包、"创造营2019"选手助力等场景中取得了巨大成功。

互动元素的加入不仅为微视用户带来了更多的新鲜体验，而且能引起用户的高度注意，提高用户的参与度，这对留住存量用户，提升用户的活跃度是十分有利的。

2. 30秒微信朋友圈视频

用户在微视发布视频作品时，只要将发布界面的"同步到朋友圈（最长可发布30秒视频）"按钮点成"同意"状态，就可以将视频作品同步到微信朋友圈。

3. 卡点模板

微视拥有很多好玩、酷炫的卡点模板，用户可以选择自己喜欢的照片或视频（数量不限），一键生成卡点视频。卡点模板可以让用户的视频内容和配乐的节奏相匹配，从而使视频内容更具感染力。

4. 视频跟拍

微视推出了视频跟拍功能，大大降低了视频录制的难度。每个视频界面都能点击"跟拍"按钮进入视频录制，录制时可以直接使用原视频的音乐，模仿原视频的动作，大大降低了拍摄的难度。

5. 歌词字幕玩法

微视首创歌词字幕玩法，这项功能可以说是 K 歌爱好者的福音，用户在选择喜欢的音乐之后，可以选择显示歌词字幕，然后一边跟唱一边录制视频，颇有 K 歌的感觉。

6. 美颜、美型

在这个美颜当道的短视频时代，微视在美颜方面也是不甘落后的，它在短视频拍摄里加入了一键美颜、美型功能，其中美型功能可谓十分便捷，可以轻松实现对脸型的修饰。

7. 精选集

微视有一个精选集的功能，当用户看到有关联合集的视频后，可以点击屏幕右侧的精选集标志，获取更多相关的视频；同时还可以通过上下滑动精选集选择自己感兴趣的视频内容。

8. 冲榜答题

微视具有实时榜单功能，用户通过这个功能可以和好友直接比拼，从而享受更直接的互动体验。

9. 视频编辑

创作者可以在微视上选择自己喜欢的明星 MV，然后剪辑同款效果，此项功能还提供了音乐库搭配歌词功能，让你的短视频内容更有时尚感。

10. 情绪表态

用户在微视观看视频时，如果对视频的内容有所感触，就可以点击画面右侧的"表态"模块，对短视频内容表达自己的态度。目前，模块里有"无语了""泪奔了""懂了""爱了""笑哭了""厉害了"六个选项，可以根据自己内心的情绪感受进行选择。

2.5 哔哩哔哩：年轻人高度聚集的潮流文化社区

哔哩哔哩，英文名称为 bilibili，是中国年轻一代高度聚集的文化社区和视频平台，被粉丝们亲切地称为"B 站"。

B 站在建立初期，是一个 ACG（Animation、Comics、Games，动画、漫画、游戏）内容创作与分享的视频网站。经过十多年的发展，业务不断扩大，目前，B 站已经成为一个源源不断生产优质内容的生态系统和涵盖 7000 多个兴趣圈层的多元文化社区。

B 站 2021 年发布的财报显示，B 站月活用户数达 2.23 亿，日活用户数破 6000 万。B 站日均视频播放量达 16 亿次。用户日均使用时长则高达 82 分钟。

2.5.1 B站的内容生态

B站目前拥有动画、番剧、国创、音乐、舞蹈、知识、生活、娱乐、游戏、动漫、科技、时尚等十几个内容分区，其中生活、娱乐、游戏、动漫、科技是B站主要的内容品类。

1. 专业用户

B站的视频主要由UP主（uploader，指在视频网站、论坛、ftp站点上传视频或音频文件的人）的原创视频组成，即专业用户的自制内容（Professional User Generated Video，PUGV）。

据B站2021年的统计，B站有91%的视频播放量来源于PUGV，其中泛知识内容视频播放量占比达45%。截至2021年，有超过7855万用户在B站学习，约占月活用户的35%。

2. 游戏内容

B站是国内流量最大的单机独立游戏内容集散地和最大的游戏视频平台之一。

截至2019年6月，B站游戏区的游戏UP主数量已经超过180万，游戏类视频数量已经达到2100万，游戏视频累计播放量高达601亿次。

3. 音乐内容

B站聚集着很多优秀的音乐创作者和热衷于二次创作的音乐爱好者，他们的沟通和碰撞，催生了大量优质的音乐作品。

据统计，B 站的音乐创作者数量已经超过 50 万，每月诞生的原创和自制音乐作品达数千首，比如《普通 DISCO》《Are you ok》《极乐净土》《芒种》等音乐作品都出自 B 站。

2019年11月，B站上线了"音乐星计划"和"音乐UP主培养计划"，对优秀的音乐创作者进行大力扶持。

4. 生活内容

随着 B 站的多元化拓展，生活类内容在 B 站所占的比重越来越大。2019 年，生活区成为 B 站全年播放量增长最快的内容分区，vlog（微录，全称是 video blog 或 video log，意思是视频记录、视频博客、视频网络日志）成为 B 站增长最快的细分内容。

5. 学习内容

B 站已成为年轻人学习的首要阵地。有数据显示，学习直播 "study with me" 已成为 B 站直播时间最长的品类。不仅如此，大批专业科研机构、高校官方账号也纷纷入驻 B 站，通过发布学习类内容招揽粉丝。

6. 国风内容

B 站一直致力于传统文化的推广，目前已成为传统文化爱好者的聚集地，以民族舞蹈、民族音乐、汉服等为代表的国风内容已成为 B 站增长最迅速的板块之一。

据统计，在 B 站，国风爱好者数量已经高达几千万，其中，95 后的年轻人对传统文化的传承与复兴最为热衷，已成为这方面最主要的创作者。

2.5.2 B 站的主要业务

B 站的业务主要涉及以下几个方面：

1. 直播

哔哩哔哩直播是 B 站推出的国内首家关注 ACG 直播的互动平台，不仅内容有趣、活动丰富、玩法多样，而且一直在积极开拓新的直播领域，目前其已囊括电竞、生活、娱乐、学习、虚拟主播等众多领域。

"电竞＋游戏"是 B 站直播的重要品类。目前，B 站已经覆盖了《英雄联盟》LPL 职业联赛、《DOTA2》TI 国际邀请赛、《王者荣耀》KPL 职业联赛等各大赛事；在泛娱乐直播方面，则以音乐、舞蹈、绘画、美食、萌宠、明星访谈为主。

2. 游戏

2014 年，B 站开启游戏联运和代理发行业务，成功推出了《梦 100》《Fate Grand Order》《碧蓝航线》《幻想战姬》《梦王国与沉睡的 100 王子》《ICHU 偶像进行曲》《明日方舟》等多款业内知名游戏，并帮助《阴阳师》《崩坏 3》等产品获得了成功，成为国内重要的二次元游戏发行平台。

2019 年 7 月，B 站首次举办独立游戏发布会，发布了《一起开火车！》《妄想破绽》等 5 款独立游戏。

3. 广告

效果广告和品牌广告是 B 站的两大广告业务。2018 年，B 站对广告主举办了一场名为 AD TALK 的广告推介会，并且在推介会上首次开放了自制内容的招商，在 2020 年向所有品牌合作伙伴开放生态。

目前，B 站确定开放的生态资源包括 14 部国产动画、15 部纪录片、6 部综艺、30 余位 UP 主、11 项大事件以及电竞、虚拟偶像等。

4. 电商

2017 年，B 站上线了自己的电商平台"会员购"，以漫展、演唱会票务、手办（也被称作人形或 figure，一般指收藏性人物模型）、模型、潮玩、周边（指动漫相关产品，有硬周边和软周边的区分）等的销售为主。像扭蛋、挂卡、模型、手办等纯用来观赏收藏的商品被称为硬周边；借用某个动漫形象生产的具有一定实用价值的商品被称为软周边，如文具、服饰、钥扣、手机链等。

到 2019 年 10 月，B 站的电商业务 GMV（Gross Merchandise Volume，即商品交易总额，多用于电商行业）已经突破 10 亿元。

5. 漫画

哔哩哔哩漫画上线于 2018 年 11 月，是国内正版漫画发行平台之一。目前，B 站拥有《火影忍者》《航海王》《天官赐福》《小林家的龙女仆》《夏目友人帐》《鬼灭之刃》《欢迎来到实力至上主义教室》《步天歌》等 10000 多部动漫作品，和数千名创作者达成了合作协议。

6. 电竞

2018 年，B 站成立子公司哔哩哔哩电竞，主营业务包括多支顶级职业联赛电竞俱乐部的运营、电竞艺人经纪以及电竞内容制作等。

目前，B 站已拥有《英雄联盟职业联赛》和《守望先锋联赛》两大世界级电竞赛事席位，而哔哩哔哩电竞已拥有 BLG、杭州闪电队 Spark 电竞俱乐部。

2.5.3 为什么选择 B 站

做短视频自媒体的朋友，可以选择的平台很多，为什么会有那么多人选择 B 站呢？主要有以下几个核心原因（见图 2-2）：

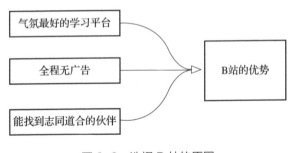

图 2-2 选择 B 站的原因

1. 气氛最好的学习平台

说 B 站是学习平台，可能会有人不以为然：B 站是个二次元、娱乐的平台，怎么会是学习平台呢？

不可否认，B 站在初期的确是二次元、游戏内容当道，但是近几年，学习内容在 B 站所占的比重越来越大，各种各样的知识性视频涌入 B 站。这些知识性视频不仅质量很高，而且涵盖范围很广，你想学的在 B 站基本都能找到。所以说，B站是气氛最好的学习平台。

2. 全程无广告

相信很多人都有这样的体验，在打开视频网站观看视频时，长达几十秒的片头广告令人不胜其烦，如果不购买会员，根本无法去除这些广告。

但是在B站，所有视频都没有片头广告和中间广告，也没有贴片广告，从而大大提高了用户的观看体验，这也是很多人选择B站的原因。

3. 能找到志同道合的伙伴

B站有明确的分类分区，这有利于用户寻找志同道合的朋友，在平台，线上创作者可以互相分享；在线下，创作者还可以参加一些聚会活动，面对面地进行交流，并以此为契机成为合作伙伴或朋友。所以在B站，同行不是冤家，合作伙伴是好朋友。

2.6 美拍：每天都有新收获

美拍是美图网科技有限公司推出的一款可以直播、制作小视频的软件，一经推出，立刻受到年轻人的喜爱和追捧。高颜值手机直播、超火爆原创视频是美拍的两大主打性能。

下面我们就来看看美拍有哪些主要功能。

1. 直播功能

美拍的第一大功能就是直播，美颜直播、娱乐直播、才艺展示直播、技能分享直播……用美拍直播，可以实时分享生活的乐趣，和粉丝沟通互动。

2. 礼物系统

美拍的礼物系统提供了很多有趣的礼物，这可以让你的直播和视频互动玩得更尽兴。

3. 粉丝亲密榜

美拍有一个达人粉丝亲密榜功能，点赞、爱心或者积极参与评论，都能增加播主和粉丝的亲密度。

4. MV 特效

美拍拥有几十款 MV 特效，视觉效果令人惊艳。用手机拍一段短视频，然后从中选取一款自己中意的特效，瞬间就能让你的视频迸发出神奇的魔力，大片儿感十足。

5. 顶级滤镜

美拍拥有几十款独家滤镜，只要用手轻轻一点，就能呈现出令人惊艳的效果。

6. 照片电影

照片电影功能，说白了就是将多张照片通过特效制作成小电影。选择自己中意的几张电子照片上传到美拍，然后选择一款自己喜爱的特效，短短几秒钟，你的照片就能变成一部赏心悦目的照片电影。

7. 五分钟美拍

有很多人觉得 10 秒钟的视频太短了，还来不及展示，时间就到了，真是太扫兴了。美拍了解用户的心思，推出了 5 分钟模式，可以让你足足拍摄 5 分钟。

8. 表情文

美拍的表情文功能可谓独具特色，此功能可以让照片"说话"。选择一张照片上传到美拍，然后添加自己喜欢的表情、文字、语音，就能让你的照片"开口说话"了，非常好玩！

9. 在线音乐编辑

这项功能可是歌迷的超级福利，不仅有百万首歌曲的曲库让你任意选歌，还可以边拍视频边放音乐，如果你五音不全，但是又想在粉丝面前"一展歌喉"，那完全可以用这个功能玩一把对嘴假唱，释放你对音乐的满腔热情！

从零开始做
抖音短视频

第3章

想做短视频，先选择定位和方向

大部分短视频创作者会发出这样的疑问：我的短视频账号涨粉速度慢，是不是内容没人喜欢？我的短视频转化效果不理想，是不是定位和方向不对？

的确，要想做好短视频，选好定位和方向非常重要。也就是你要结合自己的实际情况和潜在用户的需求，找到自己最合适的位置，然后围绕这个定位打造你的短视频内容体系。

本章导读

3.1 短视频为什么要做定位

3.2 定位的方向

3.3 账号定位的原则和步骤

3.4 内容定位的方法

3.5 用户定位的方法

3.6 人设定位的方法

3.7 抖音账号的定位方法

3.1 短视频为什么要做定位

很多人虽然在自己的短视频账号投入了很多时间和精力，但还是没有多少播放量，也没有多少粉丝关注；还有的短视频账号看上去粉丝很多，视频的播放量和点赞量也不少，但是只要它植入广告或开始带货，就会招来一片谩骂声。为什么会这样？问题就出在账号的定位上。

3.1.1 什么是定位

定位，简单地说，就是告诉用户你是谁，你是干什么的，你的短视频账号将要给用户提供哪方面的内容。换句话说，你需要给用户一个关注你的理由，这个理由就是你的定位。定位是整个短视频运营过程的第一步，也是最重要的一步，直接关系到短视频账号的成败。

3.1.2 短视频做定位的原因

为什么说定位是整个短视频运营过程中最重要的一步呢？主要有以下几个方面的原因：

1. 给用户明确的第一印象

你的标签是什么？你给用户的印象是什么？用户提到你时，最先想到的是什么？只有先给自己的账号定好位，才能让用户快速了解你是谁，你是做什么的，你提供的视频内容是否符合他的需求。

比如一提到李佳琦，很多人立刻就会想到"买它买它"和口红；一提到樊登，很多人立刻就会想到樊登读书。这些标志性的口号和产品已经形成了他们的标签，人们只要一看到他们，就会立刻想到这些标签；只要一提到这些标签，就会马上想到他们。

2. 明确内容输出方向

以用户的需求为导向，结合自己的内容生产能力和变现方式做好账号定位，才能持续输出某一方面的短视频内容，从而保证短视频账号的正常运营，同时在用户心中打造特定的人设，让用户刷到你时，能记住你的视频内容，记住与你的视频内容相关的产品。

3. 提高粉丝黏性

在这个多元化的时代，用户的需求逐渐呈现出多样化、个性化的趋势，为迎合用户的这种需求特征，短视频的内容也必然呈现出多元化的特点。

在多元化的短视频领域，只有先给自己的账号定好位，持续在某一方面（垂直领域）做优质的内容输出，才能牢牢吸引目标用户的关注。而且账号的定位越精准，吸引到的粉丝越精准，用户的黏性越高，转化率也越高。

4. 持续获得平台的流量扶持

抖音、快手等短视频平台，都倾向于扶持在特定领域持续输出垂直内容的账号，因为这样的账号更符合短视频平台的利益。符合这一点的短视频账号，平台自然会在流量方面给予不断的支持。

尤其是抖音，对账号的定位和内容的垂直度非常看重，如果你的账号定位不精准，输出的视频内容五花八门、杂乱无章，毫无垂直性可言，那么你的账号就很难火起来。

3.2 定位的方向

既然短视频账号的定位如此重要，那么一个账号该如何进行定位呢？通过对一些优质短视频账号的定位分析，我们可以发现，这些账号主要是在以下三个方向上做好了定位：品类定位、内容定位和风格定位（见图3-1）。

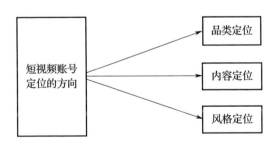

图3-1　短视频账号定位的方向

做好这三个定位，账号的定位就算基本做好了。在此基础上，你的账号就能一步步实现涨粉、引流和变现了。

3.2.1 品类定位

做短视频账号定位，首先要做好品类定位，即确定你的账号要做哪个领域，是知识技能分享类，还是幽默搞笑段子类，抑或是美食、旅游生活类等，不一而足，你可以根据自己擅长的领域来选择。需要注意的是，你只能在众多领域中选择一类，不能哪类都做。

而且品类的定位越精准越好，比如你是个美食控，想做美食分享类，那么你在定位时，就不能仅仅定位为"美食"，最好具体到是哪里的美食，是中餐还是西餐等。

3.2.2 内容定位

做好品类定位后，接下来就是内容定位了，这是账号定位中最重要的一环。所谓内容定位，就是要搞清楚你准备为用户提供什么内容，传递什么价值。不是说你随手拍个视频上传就行了，只有简单粗暴的内容，而没有精准细致的内容定位，你的账号是运营不起来的。

那么，如何做好内容定位呢？需要做好三方面的工作。

1. 内容垂直定位

内容定位，就是你要提前规划好做哪方面的内容，并且只选一个方向、一个领域，千万不能贪多，"贪多就会嚼不烂"。比如你打算做美食类，就要多发和美食相关的视频；你打算做生活技能分享类，就要多发一些实用的生活小技巧……

比如抖音上的"安吉丽娜柱子",她的账号定位是"一句话都说不囫囵",点开她的主页,你会发现她的每个视频都是说起话来颠三倒四,以说错话制造搞笑效果,最后在视频结尾再来一句"啥也不是"。场景和情节虽然千变万化,但视频的主体内容是保持不变的。这就是典型的在垂直领域深耕细作。

根据短视频平台的推荐机制,只有坚持发布垂直领域的内容,才能获得平台的持续推荐。只要你有一个视频火了,后续在同类视频上进行创意优化,不断更新,就能获得平台的更多推荐。

2. IP定位

在这里,IP就是你的人设,你的标签,你在粉丝中的印象。例如提到李佳琦,人们立刻就会想到电商主播、美妆达人、"口红一哥"等标签;提到"多余和毛毛姐",人们立刻就会想到男扮女装、夸张的假发、"好嗨哟,感觉人生到达了巅峰"。这些就是让人们印象深刻的标签,这也是他们成功打造的人设。

IP定位就是给自己制造一个标签、打造一个人设,它最核心的东西就是独特优势的展现,即"人无你有、人有你优",只要能做到这一点,你就能在你的领域成为王者。

3. 受众群体定位

随着短视频的火爆,同类型、同领域、同内容的账号可能有成百上千,"早起的鸟儿有虫吃",那些在早期就投身短视频领域的账号,经过数年的发展,可能早已成长为行业内的大V,占据了绝对优势,而你一个刚刚入行的小白，想在他们中间抢占一席之地简直是比登天还难。

难道短视频领域就没有新手的生存空间了吗？当然不是，想获得生存空间，最有效的方法就是垂直细分后再细分，即在选定大方向后，再纵向延伸，向下挖掘，将其进一步细分。

选择自己感兴趣或擅长的小方向，从而锁定特定的受众群体，然后根据这部分受众群体的特点和需求，创作相应的视频内容，吸引他们的关注。

例如，舞蹈是一个大垂直领域，根据舞蹈的不同风格、特点来区分，就有古典舞蹈、民族民间舞蹈、现代舞蹈、当代舞蹈等细分领域。

需要注意的是，垂直细分必须细分出自己的特点和优势，即针对受众群体制作出具有针对性的、有足够的亮点或特色的内容，这样才能在残酷的竞争中脱颖而出。

比如，你想做男扮女装的搞笑视频，而这一领域已有资深老前辈"多余和毛毛姐"，这时候你要想赢得流量和关注，就不能再模仿他了，而必须另辟蹊径，比如进行男扮女装的情景表演等。

3.2.3　风格定位

风格定位，是指你的短视频账号具有不同于其他账号的表现形式，并长期坚持这种表现形式而在用户心中形成一种特定印象。

比如，你可以提前定位好是真人出镜还是戴面具出镜，是素颜出镜还是化妆出镜，视频内容是以图片为主还是以文字为主，这些可以任意选择，重要的是形成自己的风格，让用户一眼就能在众多视频中认出你来。

选择自己喜欢的表现形式，并形成独具特色的视觉画面，久而久之，你的账号就能形成鲜明的风格定位。

3.3 账号定位的原则和步骤

你能吸引哪些用户人群，你的涨粉速度如何，你能获得怎样的引流效果，你能拥有什么样的变现方式，这些都是由你的账号定位决定的。一般来说，账号定位越精准、越垂直，粉丝就越精准，获得的精准流量就越多，变现也就越轻松。

3.3.1 账号定位的原则

既然账号定位这么重要，那么怎样做好账号定位呢？有以下几个原则需要注意。

1. 垂直原则

账号定位的首要原则是垂直原则。做短视频账号，最好把用户群体进行拆分，然后只专注其中一个领域，而不要漫天撒网，试图面对所有用户群体去做内容。

你越想迎合所有用户，试图把视频内容做得多而全，最后用户越不会买你的账，甚至抛弃你。

2. 价值原则

账号定位的第二个原则是价值原则。做短视频账号，一定要对用户有价值、有用处、有帮助，这样才能吸引用户去看你、去关注你。否则用户凭什么要看你、关注你。

价值的范围是非常广泛的，比如知识技能获取价值、视觉享受价值、娱乐享受价值等，通俗地说，就是有用、有趣、好看、好玩，这些都是用户比较青睐的价值方向。

3. 深度原则

账号定位的第三个原则是深度原则。深度是指定位好短视频账号的方向后，就要保持在这个方向上深耕细作，深入发展，争取为用户提供更深层次、更精细化、更有价值的视频内容。切忌在确定好的领域内浅尝辄止，只做一些肤浅、低级、毫无深度和创意的内容。

4. 差异原则

账号定位的第四个原则是差异原则。所谓差异，也就是你的账号与众不同的地方。只有与众不同，和其他账号形成差异，你的账号才能在众多账号中脱颖而出，吸引用户的关注。

定位差异可以从多方面体现，比如内容领域、人设特点、表达方式、拍摄方式、视觉效果等。

比如"收纳整理师讲师木子"这个账号，把自己定位成一个家庭空间整理师，账号内容是"不花钱的自制抽屉收纳盒""旧衣服变收纳袋""开封的零食怎么收纳"这类日常收纳小技巧，内容实用，定位新颖，差异化明显。

5. 持续原则

账号定位的第五个原则是持续原则。上面几个原则你都做好了，并不代表就可以万事大吉了，你还要持续、稳定地更新你的视频内容，这样你在短视频平台的账号权重才会不断上升，你获得的平台推荐量才会不断提高，关注你的用户才会越来越多。

3.3.2 账号定位的步骤

上面我谈了短视频账号的定位原则，下面我来说说短视频账号的定位步骤。账号定位主要分为下面几个步骤（见图3-2）：

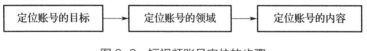

图 3-2 短视频账号定位的步骤

1. 定位账号的目标

做短视频账号，首先要确定账号的目标是什么，个人账号的目标主要是以下三个方面：

（1）引流：个人店铺把粉丝引导到线下和其他渠道；

（2）打造品牌：拍一些娱乐、搞笑、技能分享等方面的视频，力争打造一个新的爆款IP；

（3）卖货变现：利用橱窗或商品链接引导用户购买商品。

2. 定位账号的领域

确定好账号的目标后，接下来要定位账号的领域，具体可以从以下几个方面进行选择：

（1）自己擅长的领域，比如台球、电脑、投资理财、法律咨询等。

（2）自己感兴趣的领域，比如画画、弹琴、唱歌等。

（3）与职场和工作相关的领域，比如求职面试技巧、销售技巧、人际交往技巧、说话技巧等。

（4）自己有资源的领域，比如你有某种商品的供货渠道，就可以把你的账号打造成一个销售该商品的个人店铺。

3. 定位账号的内容

目标和领域确定了，最后一步就是定位视频的内容了。短视频在内容上主要分为搞笑类、科普类、剧情类、萌宠类、情感类、治愈类等；在表现形式上主要分为文字类、图片类、混剪类等。你可以根据账号的前两个定位和自己的特长，选择内容和表现形式。

3.4 内容定位的方法

在内容定位上，有3个方法供视频创作者参考：

1. 做自己擅长的内容

做自己擅长的事，因为比较顺手，所以更容易成功，做短视频也是如此，做自己擅长的内容，容易打造出自己的特色，更容易吸引用户的关注。

比如抖音账号"姜涛笑神"，他擅长的就是日常的幽默搞笑，所以他的视频内容大部分都是把一些搞笑元素加入日常生活场景中，幽默诙谐，同时又富有生活气息，很受用户的欢迎。

2. 做自己感兴趣的内容

如果你感觉自己没什么优点和特长，或者不知道自己擅长什么，那就做自己感兴趣的内容，感兴趣的内容会让你充满热情和干劲儿，让你有动力、有毅力坚持做下去。

例如，我喜欢打台球也擅长打台球，做台球类的账号对我而言更易上手，同时我了解目标用户的喜好，我制作的内容更容易戳中用户的痛点。

比如你喜欢经典影视和经典老歌，就可以把自己的账号打造成一个类似"经典视听"的账号，做一些经典影视和歌曲的整理、剪辑，这样既满足了自己的兴趣爱好，又满足了有同样喜好的用户的视听需求。

3. 做自己有资源的内容

如果你既没有擅长的，又没有感兴趣的内容，但是你有一定的资源，比如有低价货源、丰富的人脉资源等，可以从你的资源入手做短视频。

例如，你有朋友是种大米的，你能低价从朋友那里直接拿货，没有任何中间商，那你完全可以在你的账号带货卖大米。

再如，你是做影视后期剪辑的，因为工作关系，你认识很多影视方面的专业人员，包括演员、摄像、剪辑师等，那你完全可以建立一个短视频团队，做情景短剧类的视频。

3.5 用户定位的方法

内容定位做好后，接下来要进行用户定位了（见图3-3），即你的视频内容要给哪些人看。

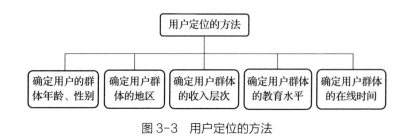

图3-3　用户定位的方法

1. 确定用户群体的年龄、性别

用户定位，第一要确定用户群体的年龄、性别。比如你打算做唱歌方面的内容，那你就要考虑你唱的歌是面向哪个年龄段的，听众是男性居多，还是女性居多。

不同年龄段、不同性别的人有不同的歌曲爱好，比如70后、80后可能更喜欢老歌，90后、00后可能更喜欢新歌，不能妄想你的歌受到全年龄段的人的喜爱。

一般来说，娱乐新闻、情感话题、化妆美容、减肥、恋爱等内容，更受 20~25 岁的年轻女性的喜欢；投资理财、企业管理、汽车、政治军事、体育、运动等内容，更受 25~45 岁的男性群体的喜欢。

2. 确定用户群体的地区

用户定位，第二要确定用户群体的地区。比如你打算做宠物方面的内容，那么你的目标用户就应该定位在城市，生活在城市中的人更愿意在宠物身上花心思。

一般来说，时尚、精致、有情调、有诗意的视频内容，更容易受到城市人群的喜爱。而粗犷、真实、接地气的视频内容，更容易受到乡村人群的喜爱。

当然，这种划分不是绝对的，有些视频内容是城市人群、乡村人群都能认可的。

另外，用户群体的南北方差异、省份差异也是需要注意的，比如京津冀地区的人喜欢听北方戏，你的账号如果是面向这个地区的用户，就不能做昆曲、越剧等南方的剧种。

3. 确定用户群体的收入层次

用户定位，第三要确定用户群体的收入阶层，这跟你将来有了一定的粉丝和流量后，进行直播带货选择什么价位的产品有关。

例如，你打算做面向都市白领阶层穿衣指南方面的内容，这个阶层的收入属于"比上不足，比下有余"的中等水平，而且他们比较注重质地，所以你介绍的用于穿搭的衣服，就不能是廉价的地摊货，而应该是有一定档次的品牌服装。

4. 确定用户群体的教育水平

用户定位，第四要确定用户群体的教育水平。

例如，你打算做面向受教育水平不高的普通大众的搞笑段子，那么段子中就不能出现生僻字词和文艺范很重、文学气息很浓的句子，因为这些很可能超出了受众群体的认知水平，他们根本不懂你在说什么，怎么可能关注你呢？

5. 确定用户群体的在线时间

用户定位，第五要确定用户群体的在线时间，即你的目标用户一般喜欢在哪个时间段看你这个领域的内容。

例如，你打算做美食、美妆、娱乐等方面的内容，最好选择在下午6点到晚上11点发布你的视频，因为这个时间段是你的目标用户最活跃的时段。

而职场、投资理财、企业管理等知识类的内容，最好选择在每天上午10点半到下午1点发布，因为你的目标用户喜欢在这个时间段刷视频。

3.6 人设定位的方法

确定好目标用户后，接下来就要考虑人设定位的问题了，即你将以什么样的角色和形象出现在用户面前。说白了就是要让用户知道你是谁，你是干什么的。

例如一提到安吉丽娜柱子,用户立刻会想到她是个错话连篇、说话颠三倒四的人;一提到李佳琦,用户立刻会想到他是直播卖口红的"口红一哥"。

人设定位主要从以下几方面去做:

1. 形象

人设定位的第一项工作是形象定位。

对于企业、店铺等机构来说,形象其实就是它们的品牌形象,比如阿里巴巴、腾讯、优酷、抖音、快手等互联网品牌;李宁、安踏、361、特步等运动鞋品牌;华为、小米、OPPO、vivo等手机品牌……

个人形象包括真人出镜、非真人出镜、人物组合等多种形象。

真人出镜对个人形象来说是个加分项,比如唱歌、跳舞、表演、讲课等。

非真人出镜虽然比真人出镜缺少露脸的优势,但是只要做得够好,也同样能在用户心中树立起鲜明的形象,比如影视剧剪辑、影视动漫解说、美食制作过程解说、地方特色小吃攻略等。

人物组合分为二人组合和多人组合,二人组合如二人转、对口相声等,多人组合如情景短剧、小品等。

其中,真人出镜必须注意穿着打扮,这对个人的形象树立至关重要。如果你是个礼仪讲师,要向用户讲解礼仪常识,那么你自己的穿着和打扮首先就要正式、得体,符合礼仪规范,不然用户对你的印象会很差,觉得你没有资格在礼仪方面给予他们指导。

2. 服务

人设定位的第二项是服务定位，即在用户心中，你能为他们提供什么样的内容服务。

例如你做的视频内容和图书介绍、推荐有关，那么在用户心中，你提供的服务就是"推荐适合的图书"；你做的是美食制作过程分享方面的视频内容，那么在用户心中，你提供的服务就是"讲解美食制作流程"。

3. 水平

人设定位的第三项是水平定位，即在用户心中，你在你所从事的领域是驾轻就熟的专家，还是初出茅庐的菜鸟。

如果你对所从事的领域十分擅长，拥有丰富的经验，那么你就能向用户展示出非常专业的一面，让用户信服你。

如果你对所从事的领域并不擅长，没有多少经验，那么你就要在视频中向用户说明，你自己也在努力学习中，现在是边学习边跟粉丝分享，这样那些也在学习的粉丝才会被你的视频吸引，同时内心产生一种和你共同进步的情感。

4. 性格

人设定位的第四项是性格定位，即在用户心中，你是什么样的性格。需要强调的是，这里的性格是你展示给用户看的性格，而不是你原本的性格。

例如，你做的是旅游攻略、美食分享、幽默搞笑等类型的视频，那么即使你本来的性格是很内向、寡言少语的，但是面对镜头，你也要向用户展示出"外向"的性格，展现出热情、活泼、开朗、阳光的个人形象，这样你的视频才能轻松、活泼、有趣，用户才会喜欢看你的视频。

5. 特色

人设定位的第五项是特色定位，即在用户心中，你有什么样的鲜明特色，而这种特色特别容易让用户记住你。

例如，你长得很漂亮、很帅气，让人过目不忘、一眼就能记住，那么这就是你的特色。

如果你长了一张大众脸，那么是不是就代表你没机会让用户记住你了呢？当然不是。没有好看的外貌，你还可以打造有趣的灵魂。比如你可以用独特的语言、个性化的动作让用户记住你。

例如你做的是美食分享类视频，那么你可以在每次开场时，说一句标志性的开场白，像冯巩老师那句"观众朋友们，我想死你们了"，这样不仅能给你的视频贴上独具特色的"防伪标志"，让你的视频在同类视频中脱颖而出，而且会给用户一种很有趣、很有个性感觉，让他们一听到这句开场白，就知道是你的视频。

3.7 抖音账号的定位方法

抖音发布的《2020抖音创作者生态报告》显示，在2020年一年新增创作者数达到1.3亿，百万级粉丝的达人中，人均发布视频超过400条，也就是每天至少发布一条。

这些数据显示，在抖音这个平台上，创作者众多，并且都很勤奋，想要在这个平台上胜出，显然创作者需要花费更多的心思，在初期账号定位上，更要别具风格。

那么，抖音的账号应该怎样定位？下面我主要介绍三种更为专业的定位方法（见图3-4）。

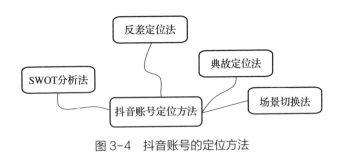

图3-4 抖音账号的定位方法

3.7.1 SWOT 分析法

SWOT 分析法中的四个英文字母，分别是 Strength（优势）、Weakness（劣势）、Opportunity（机会）、Threat（威胁）的首字母。简单来说，SWOT 分析法就是分析自己的优势（S）、劣势（W）、机会（O）、威胁（T）。

想做抖音账号的创作者，可以根据 SWOT 分析法找到自己擅长的领域，从而给自己的账号做出合理定位。

1. 优势

分析自己的优势，也就是自己擅长什么，电脑、PS、做菜、唱歌、跳舞、表演……专业技能和娱乐技能都可以，只要你擅长，都可以作为账号定位的方向。

在具体操作时，可以参考抖音上同类型的达人账号，然后融入自己的特点，打造独属于你的抖音 IP。

2. 劣势

分析自己的劣势，也就是自己在哪方面有欠缺，然后在短视频创作时刻意避开劣势，当然，如果你觉得有能力把劣势转化为自己的特色，也可以大胆去尝试。

比如抖音拥有 2600 多万粉丝的代古拉 K，她的个人简介就是把劣势转化为特色的典型代表："专业毁舞一百年的 157 厘米 82 斤"。自己吐槽自己的劣势，就是这种大胆自己"黑"自己的特色，反而让她获得了大量的粉丝。

3. 机会

在抖音，每个人都有机会成为网红达人，因为很多热门话题每天都会在抖音刷屏，只要你能及时抓住这些热点，并根据这些热点制作视频，就有机会上热门。

4. 威胁

分析确定自己的优势后，还要分析同类型其他账号的特点，避免和它们重复，这样才能做出自己的特色，最大限度地减少来自同行的威胁，同时让用户记住你。

抖音上的短视频五花八门，令人目不暇接，在这种背景下，创作者想要脱颖而出，就需要运用充满个性和创作力的制作和剪辑创作出富有创意的短视频，这样才能吸引观众的眼球，提高粉丝用户的忠诚度和转发率。

3.7.2 反差定位法

反差定位法，就是利用年龄、性别、行为、观念等方面的反差，来强化自己账号的特色，让用户产生差异感和惊艳感，从而使用户对自己的账号印象深刻。具体来说，反差定位法可以分为以下几个方面。

1. 年龄反差法

年龄反差法，就是所设定的人物、性格与实际年龄并不是特别符合，从而让用户产生强烈的差异感。

比如抖音上拥有 48 万粉丝的"北海爷爷"，是一位 75 岁高龄的老先生，但他并不是我们固有印象中 70 多岁高龄的老人形象，而是与我们的传统印象完全相反：神采奕奕、举止优雅、穿搭得体、妆容精致，俨然一位绅士模样，甚至比一些年轻人都有魅力。这就是年龄反差法的神奇魔力。

同样靠年龄反差法获得千万粉丝的还有 80 岁高龄的"只穿高跟鞋的汪奶奶"，精致的妆容、得体的穿搭、优雅的举止，让她赢得了"汪奶奶版玛丽莲·梦露"的称号。

2. 性别反差法

性别反差法,通俗地说就是男扮女、女扮男,其中以男扮女居多。这种方法反其道而行,特色鲜明,有很强的记忆点,能给用户留下深刻的印象。

比如抖音达人"多余和毛毛姐""毛光光",他们是性别反差法的典型代表,他们用假头套模仿女生的言行举止,让人印象深刻。

3. 生物反差法

生物反差法,就是在创作视频时,把生物拟人化,赋予它们人的心理活动、行为特征等。

这样的反差,能让你的抖音账号个性鲜明,具有超强的记忆点。比如抖音上拥有880多万粉丝的"哈K",就是赋予狗拟人化的心理活动,后期再加上配音或配图,使视频看上去很萌、很有趣,让人印象深刻。

4. 观念反差法

观念反差法,就是创作时,不按常规出牌,打破人们的常规观念,给人一种出乎意料的结局。

比如抖音上拥有170多万粉丝的"我是你管叔",大部分视频都是以质问的语气跟女朋友理论某件事,那语气完全像一个女人在向男人发脾气、撒泼,再加上一句歇斯底里的"你算什么女人?你有尊重过我吗?"并配合揉乱头发的标志性动作,但是故事的结局都是表达对女朋友的爱。

这种示爱方式的最大特点是从表面看很粗暴，内里全是柔情真爱，不仅创造出了女孩心中理想男友的形象，而且影响了人们的恋爱观，赢得了一大批粉丝的喜爱。

3.7.3 典故定位法

典故定位法，主要是用传说中的人物来给自己的抖音账户做定位。

例如，抖音上拥有500多万粉丝的"月老玄七"和1000多万粉丝的"孟婆十九"，他们是借传说中神话人物的身份，告诉人们生活中的一些道理，例如如何谈恋爱、如何与另一半相处等。这种方法迎合了年轻人的喜好，赢得了他们的喜爱和关注。

3.7.4 场景切换法

场景切换法，就是把现实生活中一些常见的事情，在抖音视频里换到另一种场景下进行。

例如，抖音上拥有2400多万粉丝的"办公室小野"，把做饭这种日常生活中只能在厨房做的事，拿到办公室里进行，比如用饮水器吃火锅，用电熨斗做烤冷面，突破了人们的传统认知，让用户看到后，有一种眼前一亮、耳目一新的感觉。

第 4 章

账号设置，让用户更容易记住你

想做出优质、高流量的短视频账号，不仅要重视内容的质量，还有一个非常重要的环节不能忽略，那就是账号的设置。账号的设置涉及账号名、头像、标题封面、个人简介等，它们在很大程度上影响着账号的形象和视频的播放量。

本章介绍设置短视频账号要遵循的步骤和方法，帮助创作者打造出属于自己的"高流量"账号。

本章导读

4.1 设置账号名字
4.2 如何设置头像和背景壁纸
4.3 个人简介怎么写
4.4 视频封面设置

4.1 设置账号名字

短视频账号数量庞大，在注册短视频账号时，想在众多账号中脱颖而出、让用户记住，没有一个响亮、有创意的名字可不行。一个好的账号名不仅易记、易传播，而且能向用户展示你的账户内容，从而快速准确地吸引目标用户。但是，起一个好的账号名并不是一件容易的事，下面我就主要介绍怎样给短视频账号起个好名字。

4.1.1 好名字的标准

什么样的账号名才算好名字呢？主要有以下几个标准。

1. 好记

随着短视频的火爆，短视频的账号可谓多如牛毛，如果你的账号名缺乏辨识度，需要用户刻意去记才能记住，甚至刻意去记都记不住，那你的账号名就是失败的，你这个IP在用户心中也留不下什么印象。

短视频的账号名一定要简单、明了，避免使用生僻字词，这不仅容易让用户记住，而且有利于后期的品牌植入和推广。比如"一禅小和尚"，这名字就很简单明了，看一遍就忘不了。

2. 好懂

好的账号名不但要好记，还要好懂。好懂的账号名能降低用户的理解成本，有利于你的账号快速吸引精准用户。有些短视频账号一看就知道是干什么的，会发哪方面的内容。

比如"樊登读书""梦涵职场说"，通过名字就知道他们发布的是读书和职场方面的内容。

3. 好传播

好的账号名一般都能口口相传，不仅传播速度快，而且传播成本低。比如很多人都喜欢听"小阿枫""亚男"唱歌，他们之所以火爆，不仅和他们唱歌好听有关，和他们的名字容易传播也有很大关系。

假如把他们的名字改为英文拼写，相信传播度就会大打折扣，毕竟谁也不愿意去拼读一长串英文字母。

4. 好搜索

好的账号名还要容易搜索，很多人在刷不到自己感兴趣的内容时，会主动用关键词搜索账号，含有关键词的账号是自带流量的。

如果你的账号名字很复杂，在手机上搜索时，需要用户花费很多时间去找，你就会在无形中丢失很多流量，因为短视频用户大多喜欢便捷，你让他费事了，他自然就懒得找你了。

4.1.2 取名的技巧

怎样给自己的账户起个好名字呢？可以试试以下几种方法（见图4-1）。

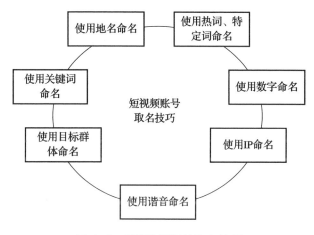

图 4-1 短视频账号的取名技巧

1. 使用关键词命名

关键词，就是提示账号内容方向的词，像职业、领域、地域等都可以作为关键词。

例如，看到"小厨师教做菜""家味美食"的名字，一眼就知道你的视频内容和美食有关，很容易吸引吃货的关注；看到"北京吃货指南"的名字，喜欢北京小吃的用户就会给个关注；看到"京剧演员王梦婷""张震讲故事"的名字，一眼知道与京剧、声音表演有关，很容易吸引京剧爱好者、故事爱好者的关注。

2. 使用地名命名

带地名的账号名，目标用户明确，有利于用户的快速搜索和关注。比如你的视频号是做地方美食的，就可以起名为"成都美食攻略""北京吃货指南"等；你的视频号是做地方旅游的，就可以起名为"张家界旅游攻略""桂林旅游指南"等。

需要注意的是,用于账号命名的地名,要求有一定的知名度和特色,否则很难吸引用户的关注。

3. 使用热词、特定词命名

什么样的词是热词呢?短视频创作者可以通过站长工具、微信指数、微博风云榜、抖音热点等,了解当前的用户是怎样搜索热点的,他们有哪些关注点,从而判断用户对某个领域的普遍需求,然后将相关热词组合为你的账号名。

除了组合热词外,和某些特定词语进行组合也是一个不错的起名方法,比如某某日记、某某测评等。

4. 使用数字命名

古希腊数学家毕达哥拉斯认为"数字有很奇妙的能量"。和文字相比,数字更简洁,更方便记忆。而且,在快节奏的今天,很多人都习惯了碎片化阅读,带数字的账号名很容易引起他们的兴趣。所以,短视频创作者在给自己的账号起名时,不妨使用数字来命名。

例如,"一分钟育儿""一分钟教你学唱歌""一分钟学 PS"等,这些名字很容易吸引那些没多少空闲时间学知识、技能的用户关注。

5. 使用目标群体命名

在给账号起名时,可以结合账号的定位和目标观众,即你的视频内容打算给哪些人看,想吸引哪些人的关注,然后把这些目标观众的特性展示在账号名字上,以快速、精准地吸引这些人的关注。

比如"懒人美食""懒人做饭"很容易吸引懒虫兼吃货的关注;"怀旧经典""怀旧老歌"很容易吸引喜欢经典老歌和经典影视剧的70后、80后的关注。

6. 使用谐音命名

给账号命名,使用谐音也是个不错的方法。例如,"洋葱"旗下的短视频账号"七舅脑爷"拥有2500多万粉丝,该账号还曾在2017年入围中国首个新媒体短视频奖项"金秒奖"。

它之所以有这么多人关注,除了视频内容有创意外,它的名字还采用了"七舅姥爷"的谐音,很容易让人记住。

7. 使用IP命名

对于已经建立起个人品牌(一般是指在其他非短视频平台)的人来说,其个人品牌就是最有流量的IP,比如李子柒等,完全可以当作账号名来使用。这样的招牌IP能直接为你的账号聚人气、聚财富,何乐而不为呢?

4.2 如何设置头像和背景壁纸

头像和签名是短视频账号的标识性符号,是用户进入你账号主页第一眼看到的东西,如果你想把自己的账号打造成流量IP,就必须重视头像和签名的设置,让用户想到你时就能想到你的头像和签名。

4.2.1 如何设置头像

短视频账号在设置头像时,要注意以下几个事项:

(1)图片或照片要使用高清像素的,画面要简洁、清晰,主旨要鲜明,不要出现杂乱不堪的场景,最好让用户第一眼看到你的头像,就知道你的账号是做什么的。比如你准备做美食方面的账号,那么你就可以用一张令人垂涎欲滴的美食照片做头像。

(2)头像中要尽量避免植入硬性广告,个人账号切忌出现与国家、政府、党政机关有关的标志。

(3)如果打算使用个人照片做头像,形象要尽量简洁,面部轮廓要清晰,尽量避免使用远景全身照片。

(4)如果打算使用文字做头像,字迹要清晰,字号要适中,字体要注意版权问题,字数不宜超过6个字。

(5)为了增加辨识度,增强用户对账号的印象,可以把头像和账户名相互关联。

(6)展示产品或服务的品牌Logo。如果你打算在你的短视频账号销售产品或服务,且这种产品或服务的品牌具有一定的知名度,设置头像时,最好把产品或服务的Logo展示出来。

这样当用户看到你的Logo时,就能联想到你的产品或者服务。当你发布新产品或服务内容时,用户也会持续关注你。

4.2.2 如何设置背景壁纸

背景壁纸是打开短视频账号主页面，在屏幕最上方显示的背景图片，像是一个人的"发型"，它影响了短视频账号的视觉风格。部分短视频运营者可能会忽略这个步骤，但对于看重细节的运营者来说也是相当重要的一个环节。

尤其是电脑端短视频平台会为运营者留出一大片区域放置背景图，因此，设计一个符合短视频账号风格的背景壁纸至关重要。那么，该如何从账号本身出发，选择一个合适的背景图呢？

1. 符合账号定位

背景壁纸的选择以"为短视频内容服务"为目的，因此，我们可以选择一张符合短视频内容主题的图片作为背景图，与整个短视频账号形成统一的调性。

例如："李子柒"的短视频账号背景壁纸为她本人的古风照片。

B站知名电影解说"刘老师说电影"的背景壁纸为：二次元卡通电影院。

这些都是以短视频内容为出发点，选择了符合账号主旨的背景图，其中"刘老师说电影"更是结合了B站的特点，专门设计了二次元相关的图片，更加符合该平台的用户喜好。

2. 宣传品牌理念

前文提到的是个人 IP 的短视频账号打造，而对于企业蓝 V 号和品牌官方账号来说，利用背景图来展示品牌文化和企业愿景是个不错的方式。

例如，华为技术有限公司官方账号"华为"的背景壁纸，直截了当地写下了企业愿景与使命："把数字世界带给每个人、每个家庭、每个组织，构建万物互联的智能世界。"

小米公司官方账号"小米公司"在抖音的背景壁纸为动态视频，以宣传片的方式向用户展现企业理念。

可以说，短视频账号的背景壁纸，相当于企业的免费宣传位，一定要充分利用每次展示品牌文化的机会，为流量变现打下扎实的基础。

3. 直接引导关注

这是一种简单直接的宣传方式，在背景图上写上类似"关注我、添加某某账号"等字样。

这种方式的吸粉效果不一，需要运营者发挥创意使文案更加生动活泼，例如："关注我的人会有好运哦！"这类比较俏皮的话语可能会稍微提升引流效果。

以上为大家介绍了三种短视频账号背景壁纸的设计方式，大家可以根据具体情况自行选择符合短视频内容的壁纸。

4.3 个人简介怎么写

想把个人简介写得吸引人、打动人,需要遵循以下几个原则(见图4-2)。

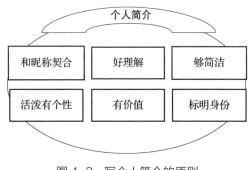

图 4-2 写个人简介的原则

1. 和昵称契合

个性签名要尽量和昵称相契合,最好是昵称的延伸和补充——昵称无法讲清楚的内容,可以在签名栏详细说明。

个性签名里要包含一两个重点,或者是精炼的一句话,或者是几个简单的核心词汇,要让用户看一眼就明白你是做什么的、你能提供什么价值。

2. 好理解

个人简介的第一个原则是好理解,不能太复杂,更不能有生僻字,否则不但会给用户搜索带来不便，影响用户的体验感，还会大大降低被搜索到的概率。

3. 够简洁

个性签名要尽量简洁、一针见血，避免复杂化，避免太高深。这样用户看到后才能清楚地知道你的账号是做什么的。

在这个节奏快如飞、信息大爆炸的时代，大部分人都是在利用碎片时间阅读或观看，根本没时间浪费在太多的文字上，所以在写个人简介时，一定要简明扼要，高度概括，不能太冗长，最好一句话就把你的账号定位、特色、价值等信息展示给用户。

如果你的个人简介太过复杂、冗长，用户看都懒得看，还怎么可能关注你、记住你呢？你的粉丝在无形中就溜走了！

4. 活泼有个性

短视频账号的个人简介虽然要求简单直白，但是最好能展现出自己的个性，比如可以轻松一些、有趣一些、俏皮一些，也可以是自己独特的亮点。或者写上自己的人生格言，以吸引同频的人。

毕竟和死板的东西相比，有个性的东西更招人喜欢一些。比如李佳琦的简介为"涂口红世界纪录保持者，战胜马云的口红一哥"，这种个人简介不仅亮点独特，而且犀利俏皮，令人印象深刻。当然，在具体操作时，创作者可以结合自己的账号定位进行相应的调整。

5. 有价值

个人简介是用来说明账号定位和价值的，因此在写个人简介时，一定要把以下两方面的内容传达出来：

（1）账号本身的定位、意义，即告诉用户你的账号是干什么的；

（2）账号能给用户带来的价值、好处，即你的账号能为用户带来什么。

比如"廖灿 心理咨询师"，她的简介为"国家二级心理咨询师，婚姻家庭咨询师"，用户点进去就知道这是个做心理咨询的账号，有这方面需求的用户自然就会关注了。

6. 标明身份

标明身份就是向用户宣示，我的短视频账号仅此一个，或者这个账号是官方账号，以防别人抄袭或模仿。此外，个人简介的下方位置还可以发布一些公告，如直播时间、官方辟谣等，等将来粉丝多了还可以引流、进行商务合作。

4.4 视频封面设置

短视频封面又叫"头图"，相当于一个文件的"缩略图"，能够让用户在没有完整打开短视频前，了解视频的基本信息。

封面图的好坏直接影响了点击量。虽然短视频的流量并不完全依赖封面图，但也需要做一些设计，使整个账号看起来比较整洁和统一。

封面就是短视频账号的皮囊，有一个好看的短视频封面，能迅速抓住用户的眼球，吸引他们的注意力，从而提升短视频作品的点击率和播放量。假如你的短视频封面非常难看，甚至奇丑无比，用户看了连点进去的欲望都没有，你的短视频作品怎么可能有点击率和播放量呢？可见，短视频的封面设计非常重要。

那么，怎样才能做好短视频的封面设计呢？

4.4.1 短视频封面设计的方法

要制作出吸引人的短视频封面，不妨尝试以下几种方法（见图4-3）。

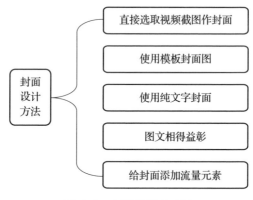

图4-3 封面设计的方法

1. 直接选取视频截图作封面

可以从短视频中截取主题内容契合的某个画面作为短视频的封面图，需要注意的是，所选取的画面一定要清晰、视觉效果要好，这样才能向用户传递准确的视频信息，让用户有点开视频观看的欲望。

2. 使用模板封面图

可以结合视频的内容定位，设计一套固定的封面图模板，然后每次套用即可。模板式封面能让你的短视频作品形成统一的风格，久而久之，也会在用户心中形成固定的 IP 形象，让用户印象深刻。

3. 使用纯文字封面

纯文字封面风格简洁，设计也比较简单，但是要注意把主题放在鲜明的位置，让用户知道视频是讲什么的。像干货技能、剧情类的账号，都可以采用这种封面风格。

4. 图文相得益彰

图文类的封面，要选择亮点鲜明的图片，图片的清晰度要高，所配文字要清新简约，图文相得益彰，传达的信息会更丰富，给用户的感觉会更舒服，从而让用户有忍不住想点开视频的欲望。这类封面适用于美食、旅游、摄影、萌宠类的账号。

5. 给封面添加流量元素

喜欢短视频的用户以年轻人居多，所以可以根据视频的内容定位，把封面的配色做得活泼一些，还可以给封面添加一些流量元素，比如流行的表情包、流行语等。

这能让你的封面看起来更时尚，充满趣味性，给用户眼前一亮的感觉。像美妆、服饰、榜单推荐等账号，都可以借鉴这种封面技巧。

不过，在封面上使用流行元素要适可而止，不能过度，否则会显得杂乱，容易引起用户的视觉反感和审美疲劳。

4.4.2 不同类型封面的设置技巧

短视频的封面类型不同，在设置方法和技巧上也有所区别。下面就分别介绍。

1. 人物类封面

人物类封面设置比较简单，直接使用视频里的某个截图就可以。

需要注意的是，人物类封面的人物要完整，最好能带点表情，面无表情的一张脸，会让人有距离感。

另外还要注意，封面靠颜值，内容可要靠深度，不能靠封面把人吸引进去了，视频内容肤浅苍白，毫无价值。

2. 美食美妆类封面

美食美妆类封面要靠"美食品相"吸引和打动用户，所谓"品相"，美食类是指食物的制成品（最好能令人垂涎欲滴的那种），美妆类是指化好的妆容（最好能让人惊艳的那种），这样才能吸引用户点击观看更多的视频内容。

3. 影视剪辑类封面

影视剪辑类封面相对来说比较简单，把影视作品分成几个视频，把封面排好顺序标上数字，再把整部影视剧拼接成一个大封面就可以了。这样呈现出来的视觉效果既整齐又美观，用户观看起视频来也更方便。

4. 主题类封面

主题类封面直接把要讲的主题展示在封面上就可以了，这样用户就能非常直观地看到每个视频讲的是什么话题，方便用户点击观看自己感兴趣的话题。

4.4.3 封面设计的注意事项

设计短视频的封面时，还要注意以下几点事项：

1. 主次分明

设计短视频封面，除了讲究方法技巧，还要注意背景和主体的关系问题，要做到背景简洁、主体突出、层次分明，让用户一眼就看明白封面的含义。

层次混乱、主次不分的封面会让用户心里很不舒服，他们很可能因此对你的视频一划而过，你的视频连被点开的机会都没有，何来流量和粉丝呢？

所以，创作者在设计视频封面时，务必要把主体和背景区分开来，做到主次分明，背景不能喧宾夺主，如果把握不好，建议背景选择浅色系，颜色不宜太多，以免显得混乱。

2. 设计禁忌

设计封面时还要注意，二维码、马赛克等在封面中坚决不能出现。

以上就是关于账号包装的所有内容，我们可以将短视频账号当作一个活生生的个体，从名称、头像、签名、背景图、封面图入手，打造一个有特色、有能量的短视频账号，赋予它旺盛的生命力。

从零开始做
抖音短视频

第 5 章

优质内容,让你的短视频迅速涨粉

想拍出短视频,做好内容策划是王道——你想通过这个短视频表达什么?它的中心思想是什么?它能带给人们什么利益和价值?

这些都是创作者必须考虑的,否则你的短视频就是毫无用途的垃圾。

本章导读

5.1 做好选题策划,让你的短视频赢在起点

5.2 标题的拟定

5.3 优质内容的标准

5.4 怎样创作高质量的原创短视频

5.5 非真人出镜怎样做短视频

5.6 怎样做好真人出镜类短视频

5.7 短视频内容的禁忌和优化技巧

5.1 做好选题策划，让你的短视频赢在起点

短视频选题策划，简单来说就是确定短视频的内容，即创作者明确自己要拍摄和发布什么内容。具体来说，就是创作者要明确自己准备输出哪方面的内容，视频作品想表达什么观点、对用户具有何种意义和价值等。

5.1.1 选题策划的原则

短视频的选题策划要遵循以下几个原则：

1. 观众面广

创作者在选择短视频细分领域时，往往已做好账号定位，并且已明确目标观众。短视频的内容方向、短视频账号的运营策略、短视频内容能否在平台上实现针对性的分发等，在很大程度上都是由目标观众的细化程度决定的。

然而，要想打造爆款选题，就不能单纯细化观众群体，因为它会缩小视频内容的覆盖面。所以在策划选题时，既要做好垂直化，又要考虑大众化的元素，将二者有机地结合起来。

比如你打算策划戏曲类的选题，在戏曲的细分领域，你有很多种选择，比如各种地方戏，但是你在选择剧种时，最好选择观众面较广的、

大众所喜闻乐见的剧种，比如观众面比较广的五大戏曲剧种有：京剧、越剧、黄梅戏、评剧、豫剧。观众面较小的剧种，尽量不要选择。

2. 切入痛点

需要注意的是，目标观众群体广和你的选题流量并不能画等号，也就是说，即使你策划的选题覆盖人群数量达到了 100 万，你的选题流量也不一定能到 100 万。

这里还必须考虑选题角度的问题，只有你的选题角度击中了观众的痛点，使观众产生了共鸣，他们才有可能点开你的视频，而你才能获得相应的流量。

3. 热点话题

很多创作者都知道，蹭热点是引爆流量的有效策略，但是蹭热点只是其中的一个方面，并非全部。策划选题时，要想有效利用热点，必须把握好热点的时间节奏和切入角度，并且避免同质化的内容，才有可能打造出爆款选题。

5.1.2 选题策划的步骤

选题策划主要分为以下几个步骤（见图 5-1）：

图 5-1 选题策划的步骤

1. 建立内容素材库

（1）标题库：策划选题，千万不能忽视标题的重要性。标题在很大程度上决定着用户是否会点开你的短视频，同样一个选题，标题起得好，点开率就高；标题起得不好，点开率就低。那么爆款标题都在哪里找呢？

来源其实有很多：自己的爆款内容的标题，竞争对手的爆款内容的标题，微信公众号、小红书等其他平台的爆款内容标题，畅销图书、杂志的爆款标题等，平时都可以作为标题素材记录下来，建立一个属于自己的标题库，以备不时之需。

（2）选题库：想打造爆款选题，最好能建立一个选题库。选题库的来源也有很多：定期整理自己的爆款选题，并横向裂变，纵向深挖相关、相似的选题；搜集整理竞争对手的爆款选题，并横向裂变，纵向深挖相关、相似的选题；分析归纳平台上的爆款选题、用户关心的热点和话题等。

2. 打造差异化

差异化是打造爆款选题不可或缺的一环。所谓差异化，就是你的选题与众不同的地方。只有与众不同，你的选题才有可能脱颖而出，成为爆款。

3. 做好选题包装

一般来说，选题在最初只是一个想法，或者在微博热搜、头条或百度热榜、微信公众号爆款文章、知乎讨论热点的启示下闪现的灵感，必然要经过精心包装和细致打磨，包括考虑选题是否可行、从哪个角度切入、如何组织内容，只有经过层层思考过滤，才能让一个选题最终成为爆款。

5.1.3 选题策划的要点

那么，怎样才能做好短视频的选题策划工作呢？

1. 根据用户需求策划视频内容

创作者要创作出用户喜闻乐见的短视频，首先就要分析用户的心理和需求，然后据此策划短视频的内容。只有符合用户的需求，用户才能在看到视频时找到共鸣的感觉，觉得你的视频有意思，然后有兴趣继续看下去，对后续的转化起到积极作用。

在具体操作时，创作者既可以先根据用户需求确定选题方向，然后再去搜索素材，也可以先随机浏览素材，以发现和确定选题方向。

2. 逻辑框架要清晰

一般来说，一个好的短视频都有一个清晰的逻辑框架。没有清晰的逻辑框架，用户就会看得云里雾里，不知道你想表达什么，继而选择离开。

所以，在进行选题策划时，一定要把你的视频逻辑化、步骤化，一个步骤一个步骤地列出来。框架出来后，再根据框架补充内容就很容易了。

3. 策划好开头至关重要

创作者在进行短视频策划时，开头（短视频的前 3~8 秒）的策划至关重要。开头策划得好，一上来就能抓住用户的眼球，吸引用户点开视频；开头策划得不好，就很难吸引用户打开视频，更别提把视频看完了。

在策划开头时，创作者要牢记，用户的痛点永远是第一位的，因此，短视频的开头不能先讲自己，而要先抛出用户的问题和利益点，这样用户才能找到共鸣感，觉得这个短视频对自己有帮助，从而有兴趣继续看下去。

这就要求创作者在策划短视频内容时，将用户的情绪需求考虑进去。比如在标题或短视频的开头抛出用户的问题和利益点，以激发用户点开视频的欲望。然后再慢慢进行解释、过渡，最终再给出答案，以激发用户的好奇心或者求知欲。

4. 背景音乐为短视频锦上添花

在策划短视频时，不仅要考虑到视频内容本身，还要考虑视频的背景音乐。优质的脚本能吸引用户的眼球，恰如其分的背景音乐则能吸引用户的耳朵，二者有机结合，才能给用户心灵的享受，让用户在观看的同时不由自主地点赞、收藏、转发。

那么，创作者要如何利用背景音乐来为自己的短视频锦上添花呢？以下两个小技巧非常有效：

（1）利用不同的音乐类型来对应不同的情绪；

（2）使用时下短视频平台流行的背景音乐，或某个短视频达人带火的背景音乐。

5.1.4 打造爆款选题的误区

很多创作者因为缺乏经验，打造内容时走了很多弯路。在前期的选题策划，一定要注意避开以下几个误区（见图5-2），以免走冤枉路。

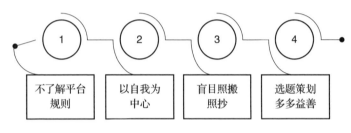

图 5-2 打造爆款选题的误区

1. 不了解平台规则

无论是什么平台，都有其不可逾越的规则，创作者在进行选题策划时，一定要了解和遵守短视频平台的规则，事先做好规划，比如你打算制作什么类型的视频、最后如何利用短视频变现等，都需要提前做好规划，千万不可盲目和违规策划选题，否则很可能导致限流、删视频、封号等后果。

2. 以自我为中心

有些创作者在策划短视频选题时，常常以自我为中心，自己想发什么就发什么，也不关心用户喜不喜欢、爱不爱看。这是短视频选题策划的大忌，新手创作者千万不可随便策划一个视频就发布，否则很容易导致自己的账号废掉。

创作者在策划选题时，一定要有用户思维，站在用户的角度考虑，策划什么样的视频作品他们才爱看，问题越清晰，用户的忠诚度越高，转化率和关注率也越高。

3. 盲目照搬照抄

追热点是快速的上热门方法，以至于很多创作者在看到某个视频异常火爆时，就盲目跟风，照葫芦画瓢也策划一个类似的视频。殊不知，这种照搬照抄的搬运行为，在同质化内容泛滥的今天，已经成为创作短视频的大忌。

比如抖音后台技术有去重机制，视频上传后，审核机器会自动识别、判断它的重复率。如果重复率达到一定比例，抖音就会视为重复，从而不给你推荐量（会给你几十到几百的基础播放量），这样你的短视频就没办法获取更多的曝光率。

4. 选题策划多多益善

很多创作者在策划短视频时，有一种急功近利的心态，总想靠某一部作品火起来，于是不停地策划各种形式、各种主题的短视频。这个视频没火，就换一种形式、一种主题，不火再换。殊不知，这样做的后果，是用户根本不知道你在做什么，这样一来，关注你的人就会越来越少，没有粉丝，你的账号就会慢慢地死掉。

而且，现在短视频平台大都要求账号具有一定的垂直度，如果你策划的视频内容与账号标签毫无关联，那么不仅不利于视频的准确推荐，而且不利于人气的聚集，甚至可能因为风格的突变，引起用户反感，导致用户流失。

5.2 标题的拟定

内容是短视频的灵魂，但是要让用户点开视频观看内容，标题的引导作用尤为重要。一个好的标题不仅能增加视频的点击率和播放量，还能增加与粉丝的互动，提高评论区的活跃度。

5.2.1 标题的重要性

通过标题，用户不但能快速了解短视频的内容，还能让用户对视频作品产生一定的记忆和联想，有时可能只是几个字的差别，就会给视频带来截然不同的播放量。

1. 从用户角度说

标题是视频内容最直接的体现，也是吸引用户点击视频的敲门砖，用户在观看视频前，展开看详情、评论的概率远远低于标题。从这个角度来说，短视频运营者必须高度重视标题的写作。

2. 从运营角度说

从运营角度来说，现在越来越多的平台开始采用推荐算法机制进行内容的推荐，在这种机制下，机器算法虽然对视频内容有一定的解析能力，但是和文字相比，其准确度还是存在局限性，即机器很难在视频内容中捕获到有效信息。

而文字内容信息量很大，机器解析起来也很方便，所以短视频的标题成了机器捕获有效信息最直接、最有效的途径。从这个角度来说，取一个好标题尤为重要。

图5-3说明了推荐算法机制的基本流程：

图5-3 推荐算法机制的基本流程

5.2.2 拟定标题的技巧

短视频的标题主要分为以下几类：

1. 提供有价值的信息

在抖音刷视频，经常会刷到"6个诀窍教你×××""3分钟学会×××""10天掌握×××"等标题，这类标题将用户的投入和产出比量化，会给人一种很实用的感觉，即点开视频后，能在很短的时间内学到很实用的知识或技能。

提供有价值的信息，一是根据自己账号的定位，提出一些让观众感兴趣的话题。比如"家常菜怎么做才好吃？6个诀窍让你做出美味家常菜。"

二是针对生活中一些常见的问题、难题提出解决方案，例如，2021年赚钱机会在哪里？

比如"求职宝典：10招让你拿下心仪的工作"这个标题就结合了用户生活中的求职面试场景，覆盖的用户范围非常广，实用性也非常强，容易引起用户的观看兴趣。

2. 蹭热门

蹭热门是引流涨粉的捷径，抖音里那些爆款短视频，50%都是蹭热门蹭来的点击量。蹭热门并不只限于视频内容，标题也可以，只需要在你的标题里巧妙地融入热门元素就可以。

热点事件能增加标题的曝光率，所以，写标题时要学会蹭热点事件，即尽量给标题增加与热点事件相关的词汇，比如和重大节日相关的词汇、和社会热门新闻相关的词汇等，这往往能在短时间内吸引很大的流量，产生不错的播放效果。

3. 标题切中"痛点"

想让用户看到标题就有点开视频的冲动，就要学会把用户关心的"痛点"放在标题上，用"痛点"引导用户在视频中寻求"止痛的良药"。

比如"3个月从180斤减到120斤，原来真的能做到"这个标题，就瞄准了"肥胖用户群体想快速减肥"的痛点，用户如果急于寻求"止痛的良药"，就会点开视频观看。

4. 利用名人效应

名人本身是自带流量的。利用名人效应，就是在标题中插入明星、著名人物的姓名等元素，利用他们的影响力和流量让视频的受众面更广。

5. 对比冲突

对比冲突类标题，就是在写标题时，把一些明显不同的人或事，把矛盾的双方故意安排在一起，以激起用户的好奇心和探知欲，吸引用户点开视频观看。

比如"他高考考了700分，最后却选择了复读"这个标题中，前半句的"700分"给用户带来了强烈的画面感，后半句的转折则引发了用户的好奇心，吸引着用户通过观看视频探求"选择复读"的原因。

6. 留下悬念

很多写作高手在写文章时，往往会在开头留下悬念，因为这样能激发读者读下去的兴趣和欲望。短视频也是同样的道理，在标题上给用户留下悬念，可以激发他们了解视频详细内容的兴趣和欲望。

标题要想留下悬念，必须学会两个技巧：一是制造悬疑，二是制造神秘感。

（1）制造悬疑。在标题中设置悬念，能有效地激发用户的好奇心，引导用户点击观看视频。

比如"某地300年的枯树突然发芽，专家经过考察，结果令人瞠目结舌"这个标题，就是通过制造悬疑激发用户的好奇心，吸引用户点开视频寻找"枯树发芽"的原因。

还可以在标题中设置悬念式的引导语："一定要看到最后，有惊喜哦！""最后那个笑死我了，哈哈哈！"用户看到这样的引导语，出于好奇心理一般会看到最后，这就提高了视频的完播率。

（2）制造神秘感。比如"一首让你大饱耳福的老歌，歌词都是数字，火了整整35年"这个标题，就用神秘感引发了用户的联想："歌词都是数字，究竟是什么歌呢？"从而吸引用户点开视频寻找答案。

7. 故事型标题

每个人都有好奇心，故事型标题就是利用用户的好奇心，在标题中引入戏剧性的情节或冲突，比如用一些转折词营造冲突，以吸引用户打开视频观看详细内容。

比如电影《我不是潘金莲》，原名是《我叫李雪莲》，但是"李雪莲"这个名字几乎没人知道，很难引起用户的观看欲望；而"潘金莲"是用户熟知的人物，且是一个具有争议性的人物，把她引入标题，就能天然地吸引流量和关注。

5.2.3 标题拟定的注意事项

写标题除了讲究方法和技巧，还要注意一些必要的事项。

1. 标题字数要适中

写标题时，字数最好控制在 10~20 个字，也就是说，标题展示在手机屏幕上，一行到两行半就可以了。

字数太少无法保证机器提取信息的准确度；字数太多则会影响用户的阅读体验，让用户失去想看的欲望，导致用户无法在第一时间获取视频的核心信息。

2. 标题格式要标准

标题的主体内容要尽量用中文表达，英文能少用就少用，能不用就不用，之所以要这样，一是便于机器获取关键字，二是便于用户阅读和理解。

另外，标题中如果涉及数字，要尽量写成阿拉伯数字，因为阿拉伯数字不属于汉字系统，放在大段的汉字中能轻松"跳出来"，让用户首先识别，在视觉效果上更直观，在传达上更具优势。

3. 避免缩写或冷僻词汇

写标题时，要尽量避免使用缩写词汇和冷僻词汇，因为短视频平台属于大众平台，面对的人群非常广，各个年龄段、各种知识水平的人都有，使用缩写词汇和冷僻词汇有可能造成用户看不懂的现象。

4. 合理断句

写标题时，最好多用一些三段式标题，例如，"创业维艰，从 0 到 1 开公司，这本书必读"

三段式标题主要有三点好处：

（1）便于用户理解，减少用户的阅读负担。

（2）能承载更多的内容。

（3）层层递进，表述更清楚。

5. 吻合内容，不做标题党

标题要和视频的内容相契合，起码要和视频内容相关联，不能做标题党。

标题党主要分两种：一种是标题和内容完全不符，一种是标题严重夸张。比如标题说的是一回事，视频内容说的却是另一回事；标题很高大上，视频内容却很低俗；标题很诙谐，视频内容却很枯燥等。

例如，"愿你贪吃不胖！10种方法让你吃出好身材"这个标题的关键词是"愿你贪吃不胖"，用户满心期待的是贪吃不胖的方法，如果点开视频看到的全是食材、食谱，那么必然会产生一定的心理落差，有一种被欺骗的感觉。

这类标题虽然短期内会吸引一些用户点击视频，但是却不能获得长久的推荐和流量。因为点击量可以靠标题，但是完播率（用户看完整个视频的概率）却要靠真正优质的内容。

5.2.4 标题训练

要想取好标题，除了讲究技巧，平时还要做一些必要的训练，具体来说，要做好以下几方面的工作（见图5-4）。

图 5-4 标题训练

1. 发现

什么样的标题是好标题？从用户的角度说，让用户有点击观看欲望的标题就是好标题。从运营的角度说，播放量高的标题就是好标题。

这需要在平时多看、多发现、多学习、多积累，最好能制作一个专门的资料库，把好的视频、标题、素材等随时保存下来，以备不时之需。

2. 模仿

模仿并不是看到好的标题就直接照搬照抄，而是结合自己的实际情况参照优秀标题的句式和内容进行模仿，或者将几个优秀标题的精华综合在一起形成自己的风格。

3. 测试

标题到底好不好，不是自己说了算，而是用户说了算，所以要对标题进行用户测试，比如可以在今日头条、微博、微信公众号等渠道进行实际发布，测试标题对用户的吸引力，并进行分析、总结和优化。

4. 实战

等到标题和视频真正上线发布后，还要根据推荐量、推荐率、播放量、点赞量、评论量等数据进行效果分析。

5.3 优质内容的标准

随着短视频行业的不断火爆，短视频的创作竞争也愈演愈烈，而短视频用户的品位也越来越高。短视频创作者想要在多如牛毛的竞争对手中脱颖而出，吸引用户的关注，优质的内容才是核心要素。

那么，优质的内容有什么标准呢？可以归纳为"6有"标准（见图5-5）：

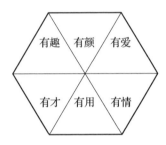

图5-5 优质内容的"6有"标准

1. 有趣

根据有关部门的统计，80%以上的短视频用户倾向于观看轻松、有趣的内容。不管是娱乐类、生活类，还是知识分享类、商品推荐类，要想吸引用户观看和关注，有趣是一个绝对不可忽视的因素。

比如很多用户所熟知的多余和毛毛姐、安吉丽娜柱子等，他们的视频内容之所以让人喜欢、受人关注，主要是因为他们将日常的生活场景通过有趣的形式表现出来，让人们在紧张的工作之余感受到了难得的轻松和欢笑，得到用户的关注和点赞是自然而然的事。

2. 有颜

爱美、喜欢美好的事物是人的天性。抖音上那些漂亮女孩、帅气小伙之所以有那么多人关注和点赞，一个最重要的原因就是他们的颜值够高。

3. 有爱

有爱，就是短视频要向用户传播正能量、传递爱心，这是人们心灵的渴望和呼唤，这样的短视频内容容易赢得用户的点赞和转发，也容易获得用户的关注和喜爱。

在短视频时代，有爱的短视频很容易制作，看到好人好事随手一拍，这类正能量视频内容上传到平台后，很容易获得平台的推荐和用户的点赞。

4. 有才

以前，怀才不遇的人比比皆是；如今，随着短视频的火爆，越来越多的民间高手通过短视频展现自己的才华、技能，比如会唱歌的打工族、会跳舞的农民工、会表演的小朋友等。将自己的独特技能用短视频的形式呈现出来，让人们获得视觉的享受，从而更容易获得用户的关注。

如果你有什么过人的才华和技能，就尽情在短视频平台展示出来吧；如果没有，就努力学习一两种你感兴趣的吧。

5. 有用

美食、时尚、生活方式类的短视频竞争激烈，知识类领域竞争则相对平和一些。根据数据统计，在"金秒奖"第一季度的参赛视频中，知识类参赛作品仅有 24 个，却收获了平均 227 万次的播放量。

这说明，用户对知识类的内容有很高的需求，也就是说，用户对实用性强的干货知识类短视频账号比较感兴趣，因为这类视频对用户有用，能让用户收获价值。

比如抖音上将枯燥的电脑知识通过有趣的短视频进行解析的账号，因知识性和实用性强，干货满满，很容易吸引电脑使用群体的关注。

短视频可操作的实用性内容很多，比如学习方法、生活妙招、育儿技巧、唱歌技巧、演奏技巧等，只要你擅长的内容对别人有用，都可以作为视频内容展示出来。

6. 有情

做短视频的目的是带动用户的情绪，让用户有所触动，进而互动分享。人的情绪是十分感性的，具有很大的盲从性和冲动性。这就意味着，用户的情绪很容易被带动。

不管是暖心的、疼痛的、忧伤的、快乐的……只要你善于引导用户的情绪，让用户情绪的闸门打开，就很容易获得用户的点赞和关注。

比如你想让用户受伤的心得到治愈，就可以做一期充满正能量和温情的视频；比如你想让用户警醒，就可以做一期语言犀利的视频。

5.4 怎样创作高质量的原创短视频

想在自媒体行业扎根，做搬运视频并非长久之计，毕竟搬运视频受到的限制越来越多，而且搬运无法形成很好的累积，注定无法长久发展。

如果想在短视频行业持续地发展，做原创短视频是唯一的出路。那么，如何创作出高质量的原创视频内容呢？

5.4.1 原创视频的种类和制作方法

原创视频主要分为实拍类原创视频和二次创作类原创视频，下面分别介绍。

1. 实拍类原创视频

按照是否真人出镜，实拍类视频分为真人出镜和非真人出镜视频两种。根据具体内容的不同，实拍类视频又可以分为以下几种：

（1）剧情拍摄。自己或团队合作表演一些有情节的短剧、搞笑剧、恶搞剧、街访等，用手机或相机拍摄下来，然后制作上传到短视频平台；也可以拍一些简单的唱歌、跳舞、才艺秀等。只要你有才艺，就可以尽情用短视频的形式展示出来。

（2）技能拍摄。不会表演也没关系，只要你拥有一技之长，比如饭做得好、书法写得好、英语说得好、电脑玩得好等，就可以把这些技能拍下来，拍摄的时候，最好能加上简单的解说，然后上传到短视频平台。

（3）自己制作。如果你会制作动画，那完全可以制作一个动画系列，比如抖音上的"僵小鱼""猪小屁之家"。如果你会特效，那完全可以制作一系列特效类的原创视频，比如抖音上的"黑脸V""小杰特效师"。

（4）图片电影。图片电影是指给一组同一主题或同一类别的静态图片，配上背景音乐、真人配音，然后通过画面的切换表现一个完整故事情节的艺术表现形式。

国内比较知名的图片电影有《偶然》《爱已成歌》《爱到荼靡》等。

图片电影是伴随着互联网的发展而兴起的，它的传播主要依赖网络。抖音、快手等短视频平台兴起后，图片电影的发展就更加如火如荼了。如果你想在这个领域做出成绩，那么就要深耕细作，不断耕耘。

（5）视频解说。视频解说就是挑选一些比较火爆的视频或电视节目，比如《吐槽大会》《奇葩说》《中国诗词大会》《陈翔六点半》等，用视频录制软件把它们剪辑下来，或者用摄录机等设备把它们录下来，然后加上真人解说、字幕、片头和片尾。

这种真人解说的原创视频，尤其是游戏解说视频和娱乐解说视频，点击量一般都是很高的。

2. 二次创作类原创视频

二次创作类原创视频，并不是简单地从网上下载一堆素材，然后生硬地拼凑在一起，而是在原视频素材的基础上，经过后期专业的剪辑制作，比如加配音、加配乐、加字幕、加原创解说、加特效等，创作出一个主题鲜明、内容饱满、有独创思想、有技术含量的优质视频作品。

二次创作类原创视频主要有五个类型：剪辑型、解说型、排名型、分享型、背景音乐加纯文字抒情型。这五种类型的视频在抖音上非常多，创作者可以去抖音看看每种类型的视频都是什么样的，在此就不做介绍了。我只简单讲讲这类视频的制作流程。

（1）第一步是根据账号定位寻找、下载视频素材。下载的渠道主要包括优酷、爱奇艺、西瓜视频、B 站等各大视频网站。需要注意的是，下载的视频尽量不要带水印，视频的清晰度最好能达到 720P（高清）或 1080P（全高清）。

（2）第二步是撰写文案。这一步需要提前写好原创剧本，准备配音、配乐、字幕、特效等资料。文案的素材可以在知乎、豆瓣、小红书、微博、微信公众号、今日头条号、百家号等平台上找。

（3）第三步是配音。配音的方式主要有三种：自己配音、找人配音、使用配音软件。

（4）第四步是剪辑。剪辑的软件有很多，比如快剪辑、爱剪辑、Premiere 等。

（5）第五步是添加字幕。添加字幕的软件也有很多，比如 EV 录屏、编辑助手、绘影字幕、ArcTime 等。

5.4.2　注意事项

最后，我总结一下创作原创短视频需要注意的要点：

（1）文案的内容必须 100% 原创，不能抄袭，不能有错别字和病句。

（2）视频素材尽量找高清、无字幕、无水印的。

（3）剪辑时，视频中的水印一定要完全去除，不能用打马赛克的方式处理。

（4）如果条件允许，最好给视频加上片头和片尾。

5.5 非真人出镜怎样做短视频

不敢真人出镜,没关系!其实有很多短视频都不需要真人出镜。在抖音上,有一大批账号都没有真人出镜,同样获得了几百万的粉丝。

那么,这些不用真人出镜的短视频该做哪些内容呢?

1. 励志类

这类短视频制作非常简单,先拍一些美丽的风景作视频背景,然后自己添加一些励志文案,并进行配音配乐就行了。

文案的来源很多,可以在网上找,可以在书里抄,也可以用一些名言警句。现在抖音、快手上这类短视频很多,而且流量还不小呢!

比如抖音账号"青椒文案",粉丝量高达 220 万,这个账号视频风格清新,画质优美,文字和音乐的搭配很文艺,让人有一种赏心悦目的感觉。

如果你是一位文案高手,也可以考虑做这类视频。不过要注意视频的清晰度和文字的美观度,这样才能吸引用户的关注。

2. 影视解说类

影视解说类短视频是非真人出镜类视频中最容易操作的一种,因为它省去了拍摄环节,只需要在网上搜索相关的影视素材,然后进行二次剪辑创作就可以了。剪辑的时候,可以按照自己的想法和用户的需求进行剪辑、配音，使视频效果比原版视频更具有可观赏性。比如抖音账号"力哥影视""以墨影视"等，都拥有几百上千万的粉丝量。

3. 美食制作类

美食制作类短视频一般也不需要真人出镜，因为视频的重点是美食的制作过程。操作时，只要你把一道美食所需要的食材、作料、制作流程、注意事项等交代清楚，并用视频的形式呈现给用户，用户看到后觉得很满意，自然就会关注你了。

比如抖音账号"家常美食－白糖"，粉丝量高达 2000 多万，每个视频都有几万的点赞数和评论数，它最大的特点就是把食材、流程交代得清清楚楚，而且视频的画面对用户的味蕾非常有诱惑力。

4. 技能分享类

如果你擅长某类技能，尤其是电脑方面的技能，比如 PS、AI、Pr、代码编程等，就可以用短视频的形式进行教学，只要你用通俗易懂的语言把枯燥晦涩的知识呈现出来，尽量把课程讲得轻松一些、有趣一些，就可以在短期内吸引大量的精准用户。

比如抖音账号"PS"，拥有近 400 万粉丝，这个账号主要是讲 PS 的使用技巧，每个小视频分享一个小技巧，实用性极强，很容易吸引想学 PS 的用户。

5. 手写干货文字类

如果你能写一手漂亮的字，那完全可以用手写文字的形式，分享一些心得、方法、经验，漂亮的书法加上实用的干货，同样能吸引到大批粉丝的关注。

比如抖音账号"严冬硬笔书写"，拥有120多万粉丝，它的手写文字涉及励志文案、名言警句、作文素材、诗词歌赋等，范围很广，实用性也很强。

6. 好物分享

好物分享，主要是分享一些生活中好用、有价值的物件，或介绍它们的使用方法，比如分享一些好书，并简单介绍书的内容，这样的短视频既能帮助用户快速了解一本书，又能帮助用户选择喜欢的书。

这种短视频最大的优势是有利于变现，可以直接带货视频中的产品，只要用户感兴趣，就能轻松实现变现。

比如抖音账号"都靓读书"，粉丝量高达440多万，它的每一期视频都有一个主题，并推荐相应的书籍，如果用户看完后觉得自己很需要这本书，就可以点击视频同款书籍直接购买，既方便了用户买书，又有利于视频账号变现。

5.6 怎样做好真人出镜类短视频

真人出镜类视频虽然在各个平台已经"泛滥成灾"，但它依然处于红利期，而且只要你能做出自己的特色，就能成功实现引流和变现。

5.6.1 真人出镜类短视频的优势

和非真人出镜类视频相比,真人出镜类视频具有以下两方面的优势:

(1)在用户看来,真人出镜类视频显得更专业,他们更愿意相信这类视频所传达的信息。借助这种优势,你就能一步步打造自己的个人品牌,形成自己的流量IP。

(2)抖音、快手等各短视频平台对真人出镜类视频扶持和推荐力度更大,因为真人出镜类视频大部分都属于原创视频,制作比较精良,内容比较有价值,用户也更喜欢看。因此,真人出镜类视频生命力更长久,更有利于账号的良性、持续发展。

5.6.2 真人出镜类短视频的创作技巧

做真人出镜类原创视频,是经营短视频账号的长久之计,那么这类短视频在创作时究竟有什么讲究呢?

1. 脸

在短视频平台,不管是俊男靓女,还是颜值一般的大众脸,都有机会在真人出镜视频领域崭露头角,赢得流量和关注。

(1)俊男靓女:天生的高颜值,再来点才艺的加持,很容易获得一批粉丝的关注和喜爱。

(2)大众脸:即便长相一般,也可以自信满满地在短视频中真人出镜。只要你有真才实学，就可以在视频中尽情展现。当然，如果能再来点装饰，那就更完美了。靠实力吃饭比靠脸吃饭更有底气，更容易赢得用户的青睐。

2. 面部表情

在短视频领域，面部表情一般分为爱笑和不爱笑两类：

（1）爱笑：爱笑的人拍短视频很有优势，只要在面对镜头时自然微笑，和平时一样，展示给用户最真实的一面，就能用笑容打动用户、感染用户，赢得用户的喜爱和关注。

（2）不爱笑：不爱笑的人拍短视频就要费点事了，首先要练习微笑，可以对着镜子练习微笑，观察自己怎么笑得自然、笑得好看，然后反复练习。练习成功后，要把练习的成果在镜头下展现出来，用笑容为自己赢得流量和点赞。

3. 服饰

拍摄真人出镜类短视频时，服饰也是很重要的一个因素。服饰穿搭得体，能给自己的形象和账号加分；服饰穿搭不得体，则会给自己的形象和账号减分。

（1）居家服装：拍日常生活类视频，穿日常居家服装即可。比如拍家常菜做法，穿个围裙就行。

（2）职业服装：拍职场类短视频，最好穿职业装，显得知性、干练、职业化，给用户一种比较专业的印象。

（3）劳动服装：拍农村题材的短视频，比如田园生活，没必要刻意穿上一身脏兮兮、皱巴巴的旧衣服，穿干净整洁的日常服装就行，自自然然、大大方方，太刻意了反而会给用户一种违和感。

4. 布景

拍摄真人出镜类短视频时，布景也非常重要。具体来说，要注意以下几点：

（1）布景一定要和短视频的题材契合、协调，而且要干净、整齐，切忌脏乱不堪、杂乱无章。比如拍萌宠类视频，布置的背景最好活泼、有趣，如果是以卧室或宠物的小屋为背景，则一定要干净、整洁，不能杂乱不堪。

（2）布景的颜色和服装的颜色要协调。比如你穿了一身白衣服出场，那么布景颜色就不能选白色了，而应该选择一种深色系做背景，以形成鲜明的对比，突出主人公的存在感。

5.6.3 培养镜头感

很多新手虽然对真人出镜类视频很热衷，但是一面对镜头，就有一种不自然的感觉，觉得自己哪儿都不对劲儿。这就是人们常说的没有镜头感。

其实，镜头感是可以培养的，下面提供了几个培养镜头感的小技巧，想做真人出镜类视频的创作者不妨试一试。

1. 视频录制技巧

（1）拍摄视频时，眼睛要看着摄像头，不要看屏幕，看着屏幕拍出来的视频眼睛视角是斜的，视频呈现出来会很难看，用户看着也别扭。

（2）拍摄视频时，如果你记不住台词，那么可以把台词分成几段来录，甚至可以一句一句地录，后期再把有问题的地方进行剪辑就可以了。

（3）面对镜头说话时，一句话要尽量清晰、连贯地说出来，避免含糊不清、拖泥带水、结结巴巴、啰啰唆唆等情况。

（4）面对镜头时，如果感觉很紧张，可以适当加一些肢体语言，或者提前准备一些小物件做道具，可以缓解紧张感，使你的心情慢慢放松下来，从而让你的表达更顺畅，表情和语气更自然。

2. 提高镜头感的方法

想快速提高镜头感，还可以尝试下面几种方法：

（1）换成采访视角。拍摄视频时，如果直面镜头觉得紧张或不舒服，可以把摄像机放到自己侧面拍摄，就像电视台记者采访路人那样。这种方法的优点是不用正对着镜头说话，可以在一定程度上缓解紧张感，让你的言行举止更自然。

（2）带感情。拍摄视频时，面无表情是不可取的，喜、怒、哀、乐等情绪要根据"剧情"需要在脸上表现出来，这样拍出来的视频才会富有生命力和感染力，能引发用户的情感共鸣。

（3）多对着镜头练习。在正式拍摄前，可以多对着镜头练习，慢慢找找感觉，你可以把对面的镜头看作自己的朋友，这样面对镜头说话就像跟朋友聊天一样。这样多练习几次，很快你就能自然地面对镜头了。

5.6.4 真人出镜类短视频如何做出差异化

短视频的火爆让越来越多的人涌入了真人出镜视频的领域中。那么，在竞争如此激烈的真人出镜市场，怎样才能做出差异化，做出自己的个性和特色，从而脱颖而出呢？

1. 融入娱乐元素避免枯燥

在短视频里喋喋不休地讲道理，即便是分享很有价值的干货，用户听多了，也难免会觉得枯燥无味。

为了避免出现这种情况，不妨在你的喋喋不休里融入一些娱乐元素，比如把知识讲解、技巧分享等改编成一个脱口秀段子、一首歌曲等。如果你觉得自己在这方面没什么经验，可以在平台多看看同类型的视频，跟做得好的账号取取经；也可以看看《脱口秀大会》《奇葩说》等语言类节目，在里面找找灵感。

2. 加金句引关注

把富含生活哲理、能引发共鸣的经典句子融入短视频内容，不仅能减少内容的枯燥感，而且能提高内容的含金量，增加账号的人气。

比如抖音拥有60多万粉丝的"洞见"，每期视频都会分享一个金句，如"心只三寸，不容是非""喜欢独处，是不想陪人演戏""吃不了自律的苦，就要受平庸的罪"等，这些句子很容易引发用户的思考和共鸣，从而获得点赞、转发和关注。

那么,金句从哪里来呢?分享几个工具。

(1)堆糖:这个网站的主题是收集和发现受到人们喜爱的事物,以图片的方式来展示和浏览。在其"发现"页面,能看到糖友们的最新收集,发现各种最新的图文内容,从中便可以搜寻自己需要的金句。

(2)金句吧:这个网站每天都会更新很多金句。你可以用关键词直接搜索自己需要的金句,也可以按标签寻找自己需要的金句。

(3)智慧身心网:里面有"心灵启示""格言箴言""慧友慧语"等多个板块,其中每个板块都有一些关于"人生""励志""幸福""为人处世"等方面的金句,内容非常丰富。

3. 讲故事融道理

用情节曲折动人的故事阐释道理,要比单纯喋喋不休地说教效果好得多,因为没人喜欢干瘪无味的说教和毫无营养价值的鸡汤,也没人喜欢听别人说教。

做短视频也是如此,用户都喜欢听有趣的故事,如果让用户在获得快乐之余,还能领悟一些道理,那就更好了。

那么,短视频可以讲述哪些故事呢?我经过分析归纳,发现受大部分用户喜爱和欢迎的故事有这样几类:触动心灵的故事、正能量的故事、经典的故事。

这些故事的来源有很多,比如:讲故事的网站、App、微信公众号、头条号和抖音号等。

5.7 短视频内容的禁忌和优化技巧

在创作短视频内容时，除了掌握一些方法和技巧外，还有一些注意事项和禁忌，下面我就分别介绍。

5.7.1 短视频内容禁忌

创作者在创作短视频内容时，有以下几个事项需要引起注意：

1. 不能含有任何违规和敏感内容

短视频不得含有违反法律法规的行为和敏感的内容，比如枪支弹药、管制刀具、毒品、赌博、暴力、恐怖、教唆犯罪、非军人或警察用户穿军装或警服、泄露个人隐私信息、散播谣言、扰乱社会秩序等。

这些不仅会导致你的视频得不到平台的推荐，还可能导致你的账号被平台禁言、限流甚至封号。

2. 不能含有令人不适的行为

短视频不得含有任何令人恶心、反感的内容，比如侮辱诽谤他人、吸烟、喝酒的镜头，穿着裸露、赤裸上身、低胸、诱惑等低俗色情行为，水印、硬性广告、微博、微信、QQ、电话号码等涉及推销的信息等。

上述行为一旦被系统发现，你的账号就可能面临限流、封号的危险。

3. 不要搬运

目前，随着短视频账号越来越多，短视频出现了严重的同质化现象，所以，要尽量做原创的视频内容，复制粘贴和搬运的做法基本是没有出路的。

虽然搬运简单易操作，而且有时候也能火，但是毕竟含金量低，注定走不长远，一旦被平台限流，账号基本就算废了。

5.7.2 短视频内容的优化技巧

下面介绍几种短视频内容的优化技巧，希望对短视频创作有一定的帮助。

1. 坚持积累

经营短视频是长期的事业，对短视频内容的优化也是一个长期坚持的过程。对于刚入行的创业者来说，一定要摒弃急功近利的心态，沉下心来，一步一个脚印地坚持创作和积累，以期迎来厚积薄发的一天。

（1）素材的积累：可以定期在网上搜集一些时事热点和奇闻趣事，并按照类型进行分类。也可以养成观察生活的习惯，将生活中有价值、有趣味的事及时记录下来，作为内容创作的素材。

（2）人才的积累：做短视频，人才的积累也很重要，尤其是创作人才，可谓是优质爆款短视频的第一缔造者。

做好优秀创作人才的积累工作，不仅能提升账号的创作力和竞争力，还能使账号的内容创作获得持续创新和优化的能力，从而让你的短视频创作事业获得源源不断的发展动力。

比如罐头视频，号称解锁生活黑科技，"8招解锁挂钩新用法""零失手泡椒凤爪""橘子皮的10种高能用法"……这些源自罐头视频的优质内容上线不到一年，就吸引了30多万粉丝关注。

而促使罐头视频持续产出优质爆款内容的秘诀主要有三方面：有趣、有用、网红员工。其中最被同行所称道的是罐头视频打造网红的能力，比如"罐头哥""帅无敌"等，都是罐头视频旗下的"网红"员工。

罐头视频非常重视人才的积累。罐头视频创始人刘娅楠认为，罐头视频的发展离不开优秀员工的贡献，企业和员工是相互成就的关系。

2. 站在用户的角度

创作者创作短视频内容时要明确一点，内容的成败不是自己说了算，而是内容的观众——用户说了算。所以，创作者要想创作出优质的短视频内容，就不能闭门造车，根据自己的主观意愿任性妄为，而应该时刻倾听用户的呼声，站在用户的立场和角度思考用户的需求，这样才能有效提高内容创作的针对性，使自己的短视频账号沿着正确的轨道持续健康发展。

3. 放开手脚，大胆试错

对于短视频创业者来说，因为账号还处于运营初期，所以不必有什么心理"包袱"，可以放开手脚，大胆试错。试错不仅能为自己积累宝贵的经验，避免以后出现更大的失误，而且能不断地打磨和优化自己的短视频作品，使短视频账号获得持续、稳健的发展。

第 6 章

引流：
裂变"涨粉"，
打造爆款 IP

> 短视频要想增加推荐量和点击量，除了要做好定位、打磨好内容外，还需要粉丝的关注和支持。因此，短视频创作者必须想方设法获得粉丝的关注和支持。而要实现这个目标，引流是最有效的方法之一。
>
> 引流，简单地说，就是将其他平台、渠道的流量，引导转化到自己的短视频平台。本章我就来聊一聊短视频引流的方法与技巧。

本章导读

6.1　怎样投 Dou+ 效果更好

6.2　账号互推引流

6.3　抖音矩阵引流

6.4　SEO 引流

6.5　借助爆款短视频引流

6.6　借力合拍引流

6.1 怎样投 Dou+ 效果更好

在抖音运营短视频，想要提高账号的粉丝量，Dou+ 是个不错的选择。Dou+ 是抖音官方推出的一款视频加热工具，只要付费，系统就会把你的视频推荐给更多的人，从而提高视频的播放量和互动量。简单地说，就是花钱买流量。

不过，流量最终能转化成多少粉丝或互动，还得看作品的质量和投放的技巧。下面我主要介绍有关 Dou+ 投放的知识。

6.1.1 Dou+ 投放场景

刚运营抖音的创作者可能会发出这样的疑问：到底在什么场景下，才需要投放 Dou+ 呢？一般来说，在下面三种场景下，需要投放 Dou+。

1. 测试视频质量、账号冷启动、账号转型时

测试视频质量，是指检验视频是否过关、是否足够优质；账号冷启动，是指在账号建立初期，因为自然养成标签速度比较慢，可以选择 Dou+ 功能加快养成标签的进程。账号转型，是指在账号建立初期，创作者因为不懂抖音平台运营规则，毫无目的地发了很多不同品类的视频内容而被平台贴上了"杂乱"的标签，从而影响了流量反馈和转化，创作者如果想要更换合适的标签，改变目前的糟糕状况，就可以通过Dou+功能精准投放标签用户，快速更换账户标签以完成转型。

2. 视频内容很好但是流量很少时

有些账号在建立初期，由于标签不明显，可能会出现第一轮流量分发不精准，推送的用户不感兴趣的情况，这不仅会影响作品的完播率，降低粉丝的点赞量和评论量，还会导致作品无法进入更大的流量池。

这时候，如果你认为自己的作品很好、很优质，那么就可以使用Dou+功能进行精准用户投放，对你的作品进行二次加热。

3. 需要稳定流量时

当你的账号需要稳定的流量时，比如你准备开直播，需要很多人看到直播间的入口，这时候就可以通过Dou+功能提高曝光量，以吸引更多的人关注。

6.1.2 Dou+的投放技巧

目前，官方抖音给出的Dou+流量转化为：100元约等于5000播放量。也就是说，100元能获得5000的播放量提升，200元能获取10000的播放量提升，以此类推。

在抖音上，Dou+给的流量是确定的，花了多少钱，就一定能得到相应的播放量提升，但是，视频的点赞、评论、转发是不受平台控制的。

到底怎样投放Dou+，才能发挥最佳效果呢？主要有两点：一是选好

Dou+ 的投放模式，二是掌握好投放 Dou+ 的时间。

1. 选好 Dou+ 的投放模式

目前，Dou+ 投放主要有以下三种模式（见表 6-1），创作者可根据具体情况选择适合自己的投放模式。

表 6-1　Dou+ 投放的三种模式

投放模式	投放方式
系统智能投放	系统会智能匹配可能对视频内容感兴趣的用户或潜在粉丝
自定义定向投放	创作者可以根据产品或店铺实际的精准目标消费群体，自主选择投放的用户类型，包括用户的性别、年龄、地域、职业、兴趣
达人相似粉丝投放	创作者可以自主选择把视频内容投放给账号标签相似的达人粉丝

在这三种投放模式中，后两种能最大限度地发挥 Dou+ 的效果，其中"自定义定向投放"更适合带货类的抖音账号。

创作者要想获得精准的投放效果，最好选择"自定义定向投放"或"达人相似粉丝投放"。

比如你的账号主打美食分享，那么最好投放给相似美食类账号的粉丝，这样投放效果和转化率会好得多。

投放 Dou+ 后，创作者可以在设置界面中选择"Dou+ 订单管理"进入其界面，查看订单的详情。同时，投放 Dou+ 后的运营工作也不能忽视，要及时回复新用户的留言，积极引导新用户持续关注你的账号。

2. 投放 Dou+ 的时间点很关键

一般来说，下午 6 点到晚上 12 点是抖音用户活跃的高峰期，投放 Dou+ 一定要选择用户活跃的时间段。

具体到某一个视频时，通常的做法是，在视频发布之初密切关注视频的播放态势，一旦看到视频有爆的苗头，就立刻用 Dou+ 助推一把，以增加视频爆起来的概率。

通过 Dou+ 的助推，原本只有百万播放量的视频，很可能增长到千万的播放量。一旦错过视频助燃的黄金期，再投 Dou+ 就无济于事了。

3. 先试水

新建账号如果想投 Dou+，建议先用一个小额测试的方式，比如先投 100 元试水，拿到基础的转化数据，然后根据测试的转化效果，再进行二次推广。

6.1.3 Dou+ 投放的注意事项

Dou+ 投放的注意事项主要有以下几点：

1. 不过分依赖 Dou+ 的效果

虽然花钱投 Dou+ 能起到一定的涨粉作用，但是创作者也不能过分依赖 Dou+ 的效果。因为 Dou+ 只是一个视频加热工具，仅仅能起到引擎助推的作用。视频最终能不能爆，关键还要看内容是否足够好，内容不行，投再多的钱也是白费。

2. 不忽略视频内容的质量

很多人在使用 Dou+ 后反馈说效果不理想，既没有涨粉，也没有增加互动，更没有获得更大的流量。

在这里必须提醒一点，要想 Dou+ 起作用，创作者一定要保证视频的质量过硬，没有任何违规因素，并且时长在 15 秒以上，否则投再多 Dou+ 也起不了多大作用。

只有内容有足够的创意，才能最大限度地将用户转化为留存用户，甚至变为二次传播的跳板。

3. 有些视频无法投放 Dou+

创作者必须注意，投放 Dou+ 的视频必须是原创视频，内容完整度要好，视频长度不能低于 7 秒，且没有其他 App 的水印和非抖音站内的贴纸或特效。

如果你的单个视频不能投放 Dou+，那可能是内容涉嫌违规或质量低；如果你的全部视频都不能投放 Dou+，那么建议你的账号换一种视频风格。

表 6-2 列举了无法投放 Dou+ 的视频内容，创作者们务必重视起来。

表 6-2　不能投放 Dou+ 的视频类型

不能投放 Dou+ 的视频类型	问题描述
搬运/非原创视频	含有其他平台水印、视频 ID 与上传 ID 不符，有明显盗录的内容
低质量视频	内容无故事性、完整度差、视频清晰度差
广告营销类视频	视频含有明显的广告营销类信息
带隐性风险的视频	出现标题党、危险动作、令人感觉不适的元素等高危内容
未授权的明星/影视/赛事类视频	视频内容涉嫌侵权

6.2 账号互推引流

互推是一个很有效的引流方法,也是一个备受短视频大咖青睐的方法。下面我主要说说这种引流方法的优势和操作方法。

6.2.1 账号互推引流的优势

互推引流主要有下面几种优势:

1. 吸引精准粉丝

不管在哪种平台互推,比如微博互推、微信公众号互推、短视频平台互推等,都具有很好的引流作用。因为互推在某种程度上属于熟人推荐,这样得来的粉丝通常不但容易建立信任,而且都是精准粉丝。

2. 节省时间和成本

互推引流属于低成本、高回报的引流方法,从早期的 PC 端网站交换链接,到后来的 QQ 互推、微博互推、微信互推、微信公众号互推,再到如今的短视频账号互推,无不彰显着互推引流法的巨大威力。

互推其实是一种借力和资源整合,因为形成了资源的互通互补,所以大大节省了时间和资金的投入。

6.2.2 互推引流的操作方法

互推引流法威力巨大,优势多多,那么这种方法该如何操作呢?

1. 第一步:选择合适的互推者

你找一个惯于弄虚作假的人帮你做推荐,即便他再怎么说你好,也很难有人相信,大家都觉得他在撒谎骗人,怎么可能信任你、关注你呢?

你找一个诚实守信的人帮你做推荐,就会有很多人相信,因为用户都信任他的人品。所以,选择合适的互推者非常重要。

那么,什么样的人才是互推的合适人选呢?

(1)客户。你的客户身边隐藏着很多准客户。你的客户通过你的平台购买产品后,如果觉得你的内容好,产品也好,经过他的推荐和现身说法,他身边的人只要感兴趣,很容易成为你的粉丝和准客户。

(2)亲戚、同学、同事、非同行朋友。亲戚、同学、同事、非同行朋友,这些人都是值得信任的,只要他们愿意在朋友圈帮你做推荐,很容易吸引他们的亲戚、朋友也来关注你。

有了他们的推荐,新粉丝对你的信任度也会大大提高,这就大大降低了后期变现工作的难度。

(3)培训、自媒体从业者。培训从业者手里通常有一大批学员,而这些学员通常都是爱学习、有一定购买力的客户。所以,培训从业者是很理想的互推人选,只要他们同意向学员推荐你,并且引起学员的兴趣,你就能收获一大批粉丝。

自媒体做得好的人，手里的粉丝也是非常多。让他们帮忙做推荐，往往能收获一大批粉丝。

类似行业的互推人选还有做网站的、做电商的等。不过这里涉及一个问题，粉丝众多的自媒体从业者，是互联网界的红人，为什么帮你做推荐？总得给他一个理由吧。

理由就是成为他们的粉丝，尽量多和他们联系和互动。比如根据自己的需要，报名参加他们的课程；购买他们的产品或服务；申请加入他们的社群，经常和他们以及他们的粉丝保持互动等。

需要注意的是，最好把以上三类人按照互推的质量和意愿进行分类，把最有分量、最愿意和你互推的人放在第一阵线，分量和意愿稍差一些的人放在第二阵线，以此类推（见图6-1）。

互推时，优先选择第一阵线的人互推，然后是第二阵线、第三阵线……

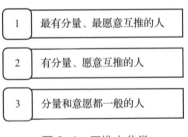

图6-1 互推人分类

2. 第二步：打磨推荐文案

在移动互联网时代，最有效的沟通工具是什么？不是语音和视频，而是文字，只要文案写得到位，往往能直击人心。

一篇优秀的推荐文案，只要有足够的曝光率，就能让看见的人有关注你的冲动。推荐文案字数不用多，100字左右足够了。

文案里你需要阐述清楚以下几个要点：你的称呼；你的简要经历；你擅长的领域；关注你有什么好处，或者说你能给关注者带来什么价值。

3. 第三步：准备几张理想的形象照

想找人给你做推荐，少不了要准备几张形象照，照片最好是场景照，而且要从不同的角度充分展示自己，让用户看到照片就能联想到你的短视频账号和你做的产品。

比如你的账号主打美食分享类视频，就可以准备几张你制作美食的照片；你的账号主打美妆类视频，就可以准备几张你化好妆的照片。在这些形象照里，最好有一张和推荐者的合照，这样能大大增强推荐的效果。

4. 第四步：约定推送时间

为了增强互推的效果，最好和互推者约定，在各自的黄金时段发布互推信息，如果你和对方的账号都不止一个，还可以选择多个账号互推，这样互推效果会更明显。

5. 第五步：主动和新粉丝互动

当有人通过推荐者的推荐成为你的新粉丝后，你要主动跟新粉丝打招呼，用寒暄或小礼物和对方拉拉关系，以提升新粉丝对你的好感和信任。

6. 第六步：留存粉丝

互推只能为你引流吸粉，至于新粉丝能否持续留在你的账号，还要靠内容质量和输出价值的能力。比如你的账号是做心理咨询的，那么对于用户提出的心理问题，你要有解答的能力。

6.3 抖音矩阵引流

抖音玩得好的人，一般都会建立抖音矩阵。抖音矩阵并不是简单的多个账号的组团，而是在多个账号间建立相应的链式传播，然后将同一品牌下关注不同账号的粉丝流量通过矩阵式账号进行相互引流，从而实现粉丝互通，扩大粉丝的整体数量，提升各账号的商业价值。

很多抖音账号都是采取大号带小号、客串、评论区互动等方式，实现粉丝的互通，从而最大限度地发挥矩阵效应，实现在短期内快速涨粉的目的。

6.3.1 做抖音矩阵有哪些好处

做抖音矩阵主要有下面几个好处：

1. 增加收益

比如一个抖音账号有20000个粉丝，平均每天能带来100元的收益。如果有10个这样的账号，那么一天就可能获得1000元的收益。

2. 增加爆款视频概率

做抖音短视频，涨粉靠爆款视频，可见爆款视频对一个短视频账号的重要性。我们不妨试想，在作品质量相近的情况下，是单个视频点赞量超过 10000 难，还是 5 个视频点赞量超过 2000 难？

很明显，单个作品点赞量超过 10000 要难得多，对视频质量的要求也要高得多。相比较而言，做抖音矩阵能大大增加爆款视频的概率。

3. 降低账号风险

对抖音创作者来说，稍有不慎，就可能面临违规、限流、封号的风险。所以，不能把所有鸡蛋放在同一个篮子里，而做抖音矩阵，就相当于把鸡蛋分散到多个篮子里，这样就大大降低了账号的风险。

4. 做用户人群细分

短视频平台评判一个账号的价值，除了看它的粉丝量，还要看它的转化效果。用户越细分垂直，账号的价值越大。

抖音矩阵的出现，让创作者既能兼顾大类（比如电脑知识分享），又能在大类的基础上进行细分（比如 PPT 制作分享），从而让每一个粉丝的价值实现最大化。

6.3.2 怎样打造抖音矩阵

抖音矩阵主要有家庭矩阵、团队矩阵、MCN 矩阵、个人矩阵这四种类型，下面我分别介绍。

1. 家庭矩阵

家庭矩阵，就是一家人各自开设抖音账号，分别发布视频，然后进行相互引流，实现粉丝互通。

比如抖音上颇有名气的金刚一家，以天津一家人为名，由小金刚（560多万粉丝）带头，加上可爱的金刚嫂（150多万粉丝）、金刚爸（260多万粉丝）和金刚妈（6万多粉丝），组成一个小矩阵，粉丝互通后，粉丝总数高达1000多万。这对后期的销售变现是非常有利的。

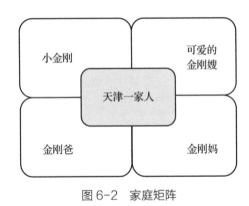

图 6-2　家庭矩阵

2. 团队矩阵

团队矩阵主要有两种建设方式，一是团队成员初期全部参与主账号的建设，在主账号做出一定的规模后，团队成员再裂变出其他账号。

二是团队成员初期主攻一个账号，当这个账号的粉丝量有一定的规模后，再由这个账号通过参演、转发其他账号的视频进行引流。

比如抖音红人Papi酱旗下的papitube系列账号，丁香园旗下的丁香医生、丁香妈妈、来问丁香医生，蘑菇街旗下的蘑菇街、菇菇来了、蘑菇化妆师、菇菇街拍等，都是团队矩阵的成功代表。

3. MCN 矩阵

MCN，英文全称为 Multi-Channel Network，意思是多频道网络，是一种新的网红经济运作模式，这种模式将不同类型和内容的 PGC（Professional Generated Conten，专业生产内容）联合起来，在资本的有力支持下，保障内容的持续输出，从而最终实现商业的稳定变现。

目前，MCN 矩阵是所有矩阵类型中影响力最大的一种，每个 MCN 机构下都有多个抖音账号，而且每个账号几乎都能达到头部大号的规模，各个头部大号之间互相引流、宣传或合作，从而最大限度地发挥矩阵效应，实现短期内快速涨粉。

比如活在抖音精选里的专业集团——洋葱集团，就是 MCN 机构最成功的代表，它打造出了很多抖音红人，比如办公室小野、办公室小作、七舅脑爷、代古拉 K、毒角 SHOW、波多野红梅、慕容瑞驰、铲屎官阿程等。

4. 个人矩阵

所谓个人矩阵，就是个人开设一个抖音主账号后，再尝试建立内容更细分的相关矩阵账号，并通过在签名区或评论区 @ 小号的方式为矩阵造势。

比如抖音上的"柚子 cici 酱""柚子吃了吗""柚子买了吗"就出自同一个人，但每个账号都有自己的垂直细分领域。

比如"柚子 cici 酱"主打剧情类美妆，"柚子吃了吗"主打各地美食，

"柚子买了吗"主推各种美妆产品。

为了最大限度地发挥矩阵效应，实现粉丝互通，这些抖音号的关注里只保留矩阵账号，小号也会在个人介绍区标注"大号在关注里"。

需要注意的是，同一个人在多个抖音账号中重复出现，对提升个人账号粉丝规模、打造个人IP很不利，而且两个账号的权重互相影响，容易被平台定义为营销账号。所以，打造个人矩阵一定要谨慎，尤其是抖音小号不宜开设太多。

6.4 SEO引流

在竞争日益激烈的短视频市场，人们越来越重视引流的工作，因为流量决定着一个短视频账号能否顺利发展下去。

但是，对于一些流量较小的短视频账号来说，广告引流的成本实在太高，因此，SEO这种性价比更高的引流方式应运而生。可能很多创作者看到SEO这几个字母，根本不明白是什么意思，别着急，接下来我们就一起看看。

6.4.1 什么是SEO引流

SEO的英文全称为Search Engine Optimization，意思是搜索引擎优化。它是一种利用搜索引擎的规则，提高网站在有关搜索引擎内的自然排名的技术。

这种技术利用搜索引擎的规则，通过对关键词进行优化来提升网站在搜索引擎中的自然排名，从而提高网站的用户访问量、销售能力和品牌效应。

面对庞大的互联网数据，人们最常使用的一种搜索方法就是关键词搜索，因为这种方法能根据自己的需求进行搜索，既高效又便捷。企业或品牌主也要善于利用 SEO 优化来引流，让用户通过搜索关键词找到自己的网站，从而增加网站的流量。

6.4.2 选择关键词

伴随着抖音、快手、微视等短视频的崛起，流量也从传统的网站转向了短视频。将 SEO 引流引入短视频领域，就是所谓的短视频 SEO。

短视频 SEO，简单地说，就是可以在短视频平台上制作关键词的排名，短视频在做 SEO 时，有两个小技巧非常有效：

（1）在给账号起名字时，尽量加入关键词。

（2）在写标题文案时，尽量含有关键词。

SEO 引流要想取得成功，关键词的选择至关重要，有些关键词虽然具有很高的流量，但是转化率不见得有多高，所以选择时一定要慎重。

如果你的目的是转化为销售和变现，那么在选择关键词时必须考虑该词的转化可能，也就是关键词要和自己提供的商品或服务相匹配，否则就算带来巨大的流量，也没办法转化为商品或服务的销售，辛苦努力的结果是竹篮打水一场空。

6.5 借助爆款短视频引流

借助爆款短视频是获取流量最便捷、最高效的方法。爆款短视频自带人气和流量，你将自己的账号和其进行捆绑，自然能获得大量的粉丝。那么，借助爆款短视频都有哪些方法呢？

6.5.1 在评论区吸引粉丝关注

爆款短视频是粉丝和流量的聚集地，在爆款短视频的评论区内通过评论，和粉丝互动，引导爆款短视频粉丝关注自己的短视频，从而达到涨粉的目的。但是，不是随随便便一条评论就能将粉丝吸引过来，必须是高质量的评论才具有这种吸引粉丝的能力。

高质量的评论主要有以下两种：

1. 针对爆款短视频的特色和亮点进行评论

如果你能将爆款短视频的特色和亮点评论出来，用户就会觉得你很专业、很有水平，从而对你产生好感和兴趣，如果你再和他们进行互动，很容易就能吸引他们的关注。

2. 评论击中粉丝的痛点和需求

爆款短视频中往往有一些精彩的细节会吸引粉丝，让他们跃跃欲试想模仿或复制，但是爆款短视频中往往不会有相应的方法指导，这就是粉丝的痛点和需求。

你可以抓住粉丝的这一痛点和需求，在评论区表明自己有相应的方法指导，粉丝看到你的评论后，很容易被你吸引过来。

比如美食类视频达人李子柒在发布题为《秋梨膏》的视频后，某个创作者在评论区看到用户普遍关注秋梨膏的配方后，便在评论区留言说自己有配方，结果吸引了大批粉丝的关注。他之所以吸粉成功，就是因为抓住了粉丝的痛点和需求。

6.5.2 转发爆款短视频吸粉

除了在爆款短视频评论区评论，转发爆款短视频也可以借势吸粉。因为爆款短视频自带强大的流量，你在转发时，也能或多或少获得其粉丝的关注，吸到一定的流量。

1. 转发时要彰显出自己的个性和水平

和评论一样，随随便便转发，并不能蹭到多少粉丝和流量。要想引起粉丝对你的兴趣，进而产生关注你的欲望，必须在转发时彰显出自己的个性和水平。

比如，你在转发时可以谈一谈爆款的特色和亮点，说一说自己从中汲取的知识和技巧等。

2. 为自己贴上"爆款浓缩师"的标签

你可以根据自己对爆款短视频的理解，对其进行浓缩、提炼，然后以自己的视角和语言进行转发。这样对粉丝来说，你的转发便是一种浓缩和提炼，能让粉丝更深刻地认识爆款短视频。同时，"爆款浓缩师"的标签也会给你带来不少粉丝和流量。

6.6 借力合拍引流

借力合拍，就是通过与高流量账号的合拍，为自己的账号引流吸粉。当然，你自己的账号也要有一定的粉丝基础，这样才能和对方"礼尚往来"，实现互惠互利。

6.6.1 寻找借力点

借力合拍，最重要的是寻找借力点。借力点主要有以下两种：借力同城网红、人群借力。

1. 借力同城网红

借力同城网红，就是寻找本地的网红进行合拍。合拍看似简单，但其实有很多讲究，最重要的就是要符合对方粉丝的喜好点，也就是说，借力合拍对内是为了获取借力方的粉丝，对外是双方通过合拍来获取更多的粉丝关注。这虽然是一种互利行为，但显然对粉丝少的一方更有利。

借力同城网红的最大优势是双方在同一个地区，有很多见面的机会。

当粉丝到达一定的数量时，可以通过各种活动来聚集人群，进行各种形式的变现。

2. 人群借力

人群借力的核心工作是寻找目标人群，目标人群一般都有自己的视频，通过观看他们的视频内容，很容易看出他们属于哪一类群体。另外，由于音乐在短视频平台占了很大的比重，通过音乐的分类来寻找用户群体也是一个不错的方法，通过各种热门音乐的搜索，可以看出各类音乐的使用人群属于哪个群体，然后以此为基础，可以进一步判断这些群体的粉丝群体。

简言之就是先找到一个点，然后以这个点为中心获取想要的粉丝。

6.6.2 合拍的方法

合拍的方法主要有以下两种：

1. 寻找合拍点

合拍是对方发出一个视频，然后你发挥创意进行填补式补拍。虽然合拍不是双方在现场一起拍摄，但是视频合成在一起，效果也是很独特的。

不过，合拍要想取得理想的效果，必须找到视频的切入点，然后添加独特的创意。如果没有合拍入口，那就先把对方的视频下载下来，等自己录制完成后再拼在一起。

除了寻找合拍点，标题也一定要花点心思，好的标题能吸引更多的人打开视频观看、点赞和转发，而且，标题中一定要@合拍的账号，这样对方就会看到你与他合拍的视频，如果他觉得你的视频内容很有创意，就会发到他的平台上，这样关注你的人就更多了。

2. 自建合拍点

自建合拍点就是你发挥创意与合拍方建立合拍点。合拍的题材可以是生活中的各类琐事，也可以是各种逸闻趣事、社会热点，这些内容符合人们的兴趣点，容易激起人们观看和讨论的兴致。有播放、有评论，你的合拍视频才会获得平台推荐，你的流量才能慢慢积累起来。

第 7 章

流量变现：你的短视频价值千万

变现是短视频创作者的原动力。没有变现，一切都是空谈，而要实现流量变现，必须根据你创作的内容，找到最适合的变现模式。

本章导读

7.1 广告变现

7.2 知识变现

7.3 直播变现

7.4 IP 衍生变现

7.5 短视频带货变现

7.6 直播带货

7.7 加入 MCN，专注内容稳定变现

7.1 广告变现

短视频创作者做视频的最终目的是实现流量变现,将短视频账号的流量通过某些方法变成收益。

在短视频平台,广告变现是头部大号首选的变现方式。广告变现就是用视频内容抓住用户眼球的同时,向用户展现某种产品或服务,以实现品牌的曝光。

对一些头部创作者来说,广告变现是一种普遍的变现方式。当创作者有了一定的粉丝基础时,会吸引一些商家主动联系投放广告,创作者也可以通过官方广告平台联系一些商家在视频中植入广告。

短视频创作者可以根据短视频的具体内容和商家的要求,选择以下几种广告形式:植入广告、冠名广告、贴片广告、代言广告、接单广告等。

1. 植入广告

植入广告是一种软广告,是将商家的产品或服务植入短视频的内容中,作为内容的一部分展现给用户,让用户在观看视频的过程中,不知不觉对这种产品或服务形成记忆。这种广告形式不会让用户觉得太突兀,接受程度比较高。

比如,做美食的短视频账号在视频中刻意展露某品牌的食用油、调料、厨具等，这种广告不影响视频内容的节奏和完整性，不仅不会影响用户的观看体验，还能让用户在不知不觉中对所推荐的产品或服务产生好感和信任。

类似的广告形式还有在旅行类视频中植入一些与旅行相关的产品，如帐篷、背包、防晒用品等。

需要注意的是，植入广告所选择的产品或服务一定要和自己的创作领域有关联性，并且不能破坏视频内容的完整性。也就是说，不能让植入的广告有任何违和感。

2. 冠名广告

冠名广告是指在各种节目里加上赞助商或广告主的品牌进行广告宣传，这种广告形式在影视剧、各类电视节目中比较常见。

而在短视频行业，冠名广告通常体现为字幕明细、添加话题、添加挑战、特别鸣谢等形式。有一定粉丝基础的垂直领域的头部创作者比较适合做冠名广告。

冠名广告往往以品牌对外传递的宣传语作为创作内容，与植入广告相比，它在创作上灵活度更大，要求也比较低，并且不会对自身的内容定位造成影响。

短视频创作者在选择冠名广告时，要尽量选择质量过硬、信誉和口碑好、知名度高的品牌，这能在无形中给自己的账号做信用背书。

3. 贴片广告

贴片广告是指在短视频的片头、片尾或中间加上贴片。对于创作者来说，贴片广告制作成本较小，并且不会影响视频内容。但是，贴片广告和短视频内容一般没有什么直接关联，虽然用户不会排斥，但容易给用户的观看带来不良体验。

4. 代言广告

在短视频时代，只要粉丝达到一定的数量，任何短视频创作者都可以凭借流量成为广告的代言人。需要注意的是，代言广告务必要关注用户的体验，因为短视频互动性强，用户参与度高，所以一定要对代言产品的质量、产品是否会影响用户的体验等问题把好关，不要让用户对广告产生排斥心理。

5. 接单广告

接单广告是指利用平台的广告系统派发的商品广告进行内容创作的广告形式。随着短视频平台越来越成熟，短视频创作者和广告主之间的沟通桥梁越来越多，包括快手的快接单、抖音的星图广告等，既能让广告主找到对路的短视频创作者，又能让各领域的短视频创作者找到适合创作的品牌。

短视频创作者在创作接单广告时，不仅要了解商品的特点和个性诉求，还要围绕自身的内容定位，争取找到两者完美的结合点，让广告内容具有完整性、可观赏性和传播性。

尤其要注意广告内容的完整性，不能让用户觉得视频完全变成了商品展示、宣传，否则很容易引起用户的反感和排斥。

7.2 知识变现

短视频平台中不仅有很多娱乐性的内容，还有很多知识类的内容。短视频创作者将自己掌握的知识用短视频的形式分享出来，能让用户长知识、增才干，因此颇受用户的欢迎和喜爱。

知识变现将已被大众接受的媒介购买形式与短视频巧妙融合，成为短视频创作者新的变现方式。

知识变现主要包括课程变现、社群变现、出版变现、咨询变现等模式，下面就分别介绍。

1. 课程变现

课程变现，就是把自己的知识、技能制作成系统的视频课程在短视频平台出售，让用户获取价值。

课程变现适合在某个领域拥有专业知识和专业技能的创作者，只要能受到用户的认可，各种知识技能都可以设计成视频课程进行商业变现，如英语课程、软件课程、摄影课程等。

需要注意的是，课程变现必须让用户获得某种知识和技能，或者针对用户的难点、痛点，给予真正的解决方案，也就是你的课程要对用户有用，否则用户是不会买账的。

2. 社群变现

社群变现，是创作者将自己的目标用户从短视频平台导流到自己的私域社交工具上，如微信、QQ、微博等，然后通过建群的方式为用户解决难题，提供价值。

社群变现的模式有很多，如社群付费咨询、付费课程等。

（1）付费咨询。通过导流将粉丝引入创作者的私域社交平台后，需交纳一定数额的月费或年费，才能从创作者那里获得问题的答案或解决方案，而且每个月咨询的次数、时长都有相应的规定。

（2）付费课程。创作者将粉丝导流到私域社交平台后，针对粉丝想学习的方法、技能等，专门制作视频进行售卖。这种变现方式具有长期性，只要有新粉丝通过导流进入社群，创作者就可以持续地进行售卖，不断地获得收益。

3. 出版变现

出版变现，就是创作者将知识、技能、人生经历、情感思想等创作成书，在短视频平台售卖。这不但能给创作者带来长期收益，还能提高创作者的品牌价值。

不过，出版变现对创作者的要求较高，不但要具备专业的知识、技能，还要有丰富的个人阅历、良好的思想道德等，最重要的，还要具有将所掌握的知识、技能等进行系统化、体系化梳理的能力，这样才能通过图书这种载体产生知识、技能等的二次价值传播，满足粉丝获取价值的需求。

4. 咨询变现

要想通过提供咨询服务实现个人IP的变现，首先要解决两个问题：粉丝的需求和痛点，直白地说，就是得有粉丝迫切需要你帮他解决某种问题。

相信很多人都听过"沙漠中的水"的例子。一瓶普通的矿泉水的日常售价也就2元钱，但如果有人在沙漠中渴得嗓子都要冒烟了，这时候突然有人要200元卖给他一瓶水，他是否愿意为这瓶水支付200元呢？

肯定愿意，因为他就快渴死了。和生命相比，区区200元算什么！

在这个案例中，水就是粉丝的需求，不喝水会渴死就是粉丝的痛点。需求决定了有粉丝会购买产品，痛点决定了产品的价值。

明确了粉丝的需求和痛点后，就要提供解决方案了。客户之所以有购买的需求，是因为他无法有效地解决某个问题，而这也是你提供咨询服务的价值所在。

我仍以一瓶矿泉水为例，为什么大部分人口渴了会花2元钱去买一瓶矿泉水，而不是随便喝点自来水解渴？因为矿泉水能满足人们快速喝到干净、健康的水的需求。

而我们的解决方案就像这瓶矿泉水一样，可以快速高效地帮粉丝解决他的问题，把他从焦灼的状态中解救出来，粉丝自然愿意为此买单。

7.3 直播变现

在短视频平台的变现方式中，直播变现应该是最快的变现方式，因为在直播间，你和粉丝是实时互动的，这种实时的互动和沟通最容易建立信任，有了信任做基础，成交就容易多了。接下来我们来看看直播变现有哪些方式。

1. 直播带货

直播带货，就是主播通过直播展示和介绍产品，引导粉丝购买，以实现盈利变现。直播带货不仅让买卖突破了时间和空间的限制，而且可以让粉丝更直观地看到和体验到产品，对成交非常有利。

目前，各大短视频平台都具有直播带货的功能。你可以根据自己的内容定位，选择要带货的产品，如电子产品、衣服、食品、生活用品、化妆品等。

2. 直播打赏

直播打赏的流程是这样的：观众付费充值购买礼物送给主播，平台将礼物转化为虚拟币，主播对虚拟币进行提现，平台从中抽取一部分作为服务费。

如果主播隶属于某个公会，则由直播平台和公会统一结算，主播则从中拿到工资和部分抽成。

各平台的直播间基本都开通了打赏功能。主播在直播间里与粉丝互动，或者和其他主播连麦PK，如果粉丝们对主播直播的内容很认同、很赞赏，就可以对主播进行打赏。拥有一定流量的网红、明星都可以通过直播打赏来赚钱。

不过，直播对主播的要求很高，要有很强的控场能力和应变能力，这样粉丝在观看直播的过程中才能对你心生好感和信任，才乐于给你打赏。

3. 直播导购

直播导购，电商采用得比较多。电商主要分为两种：

一种是自营店铺，主播通过定期直播吸引人气，实现店铺商品的销售变现。

一种是第三方店铺，主播在直播时为其推广店铺商品，粉丝可以一边观看直播一边选购商品，直播结束后，平台和主播/店铺分成。

4. 承接广告

当主播积攒了一定的粉丝和人气后，很多商家会借助主播直播间的流量，委托主播进行产品或服务的宣传，宣传的方式多种多样，如产品体验、产品测评、工厂参观、实地探店等，主播则从商家那里收取一定的推广费。

这种广告一般是主播私下接的，平台不参与分成。

5. 内容付费

目前，一对一直播、私密直播、在线教育等付费模式的直播非常流行。付费模式对直播的私密性要求很高，粉丝要想进入直播间观看直播，必须购买门票或者按时付费。同时，付费直播对内容质量要求很高，只有高质量的内容才能有效吸引和留住粉丝，持续为平台和主播增加收益。

6. 游戏付费

为了迎合网友爱玩游戏的心理，同时为了活跃直播间的气氛，让直播更有趣味性和互动性，很多平台的直播间都开通了小游戏功能，粉丝要想参与这些小游戏，必须付费充值。

7. 企业宣传

基于直播的高流量，很多企业会向直播平台付费申请专属的品牌直播间，由直播平台为其提供多种直播服务，如发布会直播、招商会直播、展会直播、新品发售直播等。这种模式能帮企业实现宣传的互动性和及时性，同时能为主播和平台带来不菲的收益。

7.4 IP 衍生变现

创作者把自己的短视频账号或短视频内容打造成 IP 后，就可以衍生出一系列的变现方式，比较常见的变现方式有以下几种。

1. 线下培训咨询

创作者在自己的领域做出一定的规模后，凭借流量和影响力就能接到企业、机构、社会团体等的邀请，去做一些线下的培训、讲座、咨询。

当然，也可以自行组织开展一些线下培训课程，通过卖课程变现，比如操作电脑、外语、舞蹈、瑜伽、武术、投资理财、摄影摄像等，只要粉丝有需求，就有变现的机会。

2. 版权输出

创作者手里如果有某些内容的版权，如词曲、小说、摄影、绘画等作品的版权，就可以通过授权或转让的方式来变现，比如将小说、摄影、绘画出版实现变现，或者通过寻求投资拍剧实现版权变现。

3. 衍生产品

创作者在拥有一定的粉丝流量后，可以利用自己的独特 IP 衍生出一些产品，比如抖音上拥有 4700 万粉丝的一禅小和尚，推出了一系列和一禅小和尚有关的衍生产品，包括图书、日历、工艺礼品等。

7.5 短视频带货变现

短视频带货是门槛最低的一种变现方式，但是想要做好，也不是一件容易的事。

那么，短视频带货有哪些方法和技巧呢？

7.5.1 短视频带货的方法

短视频带货主要有以下几种方法，创作者可以参考。

1. 直接展示

短视频带货最简单的方法，就是直接在视频中展示产品。这种方法要想奏效，一定要将产品独一无二的优势和亮点突出展示出来，以吸引粉丝的目光，激发粉丝的购买欲望。

2. 构建场景

在短视频中构建场景不是一件容易的事，必须提前做好策划，包括场地的选择、周边景致的选择、服装的搭配、灯光音响效果的调试等。这些方面做好了，就能把观众代入场景中，带货效果一般也不会差。

抖音人气博主李子柒在这方面做得非常成功，她在视频里构建了一个仿佛世外桃源一般的场景。虽然大部分创作者不可能成为李子柒，但是却可以朝着她的方向努力。

3. 剧情植入

什么样的影视剧最能让观众沉浸其中、无法自拔？剧情好的影视剧。短视频也是如此，短视频剧情设计得好，观众就爱看，就会被深深吸引，而且会黏性很高，持续地关注，即使偶尔在剧情中植入一些产品广告，观众也不会反感，甚至会认真观看植入的产品，思考它是不是适合自己。

当然，单凭一己之力是很难达到这种高度的，因为所有的剧情，包括什么时候出现转折、什么时候出现高潮，什么时候进行语言的升华，什么时候做产品植入的铺垫等，都需要有专人来设计和创作。

7.5.2 短视频带货的技巧

短视频带货要想收获最佳效果，还要运用以下几个技巧。

1. 贴近目标客户群体

既然要在视频中带货卖产品，设计视频内容时就必须贴近目标客户群体的特点和需求，营造一种真实和生活化的场景，这样观众才不会对你的产品广告产生排斥，反而会考虑自己是否需要这种产品。

2. 突出展示产品的优势

短视频带货和线下卖货一样，必须突出展示产品的优势，但是要注意，产品的优势不宜列举太多，否则会显得言过其实，让观众产生不信任感。

3. 展示试用产品后的真实效果

不管是什么产品，要想让粉丝信服，都必须拿出实际效果来，否则粉丝很难信任你。短视频带货要想取得良好的效果，就要把真人试用后的效果或感受在视频中展示出来。

4. 用价格刺激粉丝的消费欲望

大多数人都希望买到物美价廉的商品，在带货过程中，前半段的内容是强调和展示商品的优势和卖点，后半段的内容是用价格刺激粉丝的消费欲望，引导粉丝成交。

7.6 直播带货

目前，直播正处在爆发期，直播带货具有强大的变现力。所以，创作者一定要抓住直播的风口。

7.6.1 直播带货有哪些优势

直播带货的优势主要体现在以下两点。

1. 直播是一个动态视听的过程

和传统的网购模式相比，直播带货的优势是显而易见的，传统网购用户是根据图文描述去选择和购买产品，而直播能够实时展示产品，用户通过直播可以更直观地看到产品的更多细节，一旦某个产品细节打动了用户，就很容易产生购买。

2. 直播能产生互动

互动有助于拉近商家和消费者的关系。直播能让商家和消费者产生互动，能让产品有更大的展示空间，能让消费者有机会更近距离地了解产品和商家，这对产品的销售是非常有利的。

7.6.2 直播带货的步骤

直播带货主要分为以下几个步骤。

1. 内容策划

俗话说，不打没有把握的仗。直播带货的第一步就是做好内容策划，主要包括开播的时间、直播的时长、直播的内容，如果要带货，还要考虑带什么产品、直播的重点等。这些直接关系着直播的成败,所以直播前必须精心策划。另外,封面的选择、文案的设计、活动的预热等,都需要提前规划好。

2. 活动预热

做好直播的内容策划后,下一步就是做分享、推广和预热了,因为第一次直播无异于模特的"处女秀",直播间可能会很冷清,没粉丝、没人气,所以前期必须进行分享、推广和预热。

比如,可以把直播的链接分享到社交网站、微信朋友圈、微博等网络平台。拥有一定粉丝基础的账号,也可以在视频内容中提前告知粉丝有关直播的消息,以便让更多的人看见、转发。

3. 引导观众

策划和预热做好后,接下来就是直播的重头戏——直播开播了。直播的时候,主播要使用一些技巧吸引观众的关注,比如精彩的故事、实用的知识、高超的才艺、有趣的语言,设计引导观众购买产品的话术。

7.6.3 提高直播间人气

提高直播间人气有很多方法,下面我介绍几种引流效果比较好的方法。

1. 利用公开课引流

开设免费公开课是快速引流的有效方法之一。不管是做学生考试培训，还是做职业培训，开设免费公开课都是最常见的招生方式。因为免费公开课能让粉丝不花钱、零风险地体验产品或服务，能吸引大量的潜在用户。

可能有的创作者会说，我又不是什么学者专家，也不是什么行业权威，有什么资格讲课？其实你只需要把自己知道的东西分享给那些还不知道的人就行了。

比如可以分享你掌握的知识、学到的技能、了解的故事等，只要讲的内容是有价值的，就会有人被你吸引。

当然，也可以邀请一些比较知名的同行权威来做演讲嘉宾，利用他的影响力吸引更多的人来听课。

2. 激活私域流量

激活私域流量也是一个很好的引流方法。微博账号、微信公众号、用户社群、微信好友、微信朋友圈、知乎账号、豆瓣账号等，这些个人账号经过一定时间的积累，通常都会有一定的流量。

不妨把直播的消息或链接分享到这些平台的个人账号上，把这些平台的粉丝导流到直播间。尤其是已经开通微赞直播的创作者，可以和微信公众号进行深度绑定，绑定后，微信公众号的粉丝用户就能直接跳转到直播间，从而激活微信公众号中的私域流量。

3. 营销引爆流量

要想将用户牢牢留在直播间，同时提高用户的活跃度和在线流量的变现，使用一些营销方法是必不可少的。在直播营销中，抽奖、抢红包、边看边买是最常用的互动功能。

（1）看直播抢红包：短视频平台直播中的红包有很多玩法，比如普通红包、口令红包、商家红包、观看奖励红包等。无论哪一种红包，都是为了活跃直播间的气氛，吸引更多的用户加入直播、分享直播。

（2）抽奖活动锁住用户：抽奖是直播中不可或缺的营销功能。抽奖活动往往自带吸力，能将用户牢牢锁在直播间中，不仅能吸引观众互动，还能提高传播效果，引爆直播间人气。

（3）边看边买：边看边买不仅是引流互动，更是将流量变现。直播中推广的商品可以通过边看边买的功能在自定义菜单栏中上架，价格实惠的直播商品不仅能满足用户的需求，而且能吸引用户争相购买，从而实现流量变现。

7.7 加入MCN，专注内容稳定变现

说到MCN这个词，可能很多人会感到陌生，不知道MCN是什么机构，也不知道为什么要加入MCN，加入MCN有什么好处，更不知道如何判断一个MCN机构是否靠谱。下面我们就一起来学习。

7.7.1 为何要加入MCN

MCN是英文Multi-Channel Network的缩写，其中文意思是多频道网

络。它是一种多频道网络的产品形态，是一种新型的网红经济运作模式。

这种模式将不同类型和内容的 PGC（Professional Generated Content，专业生产内容）联合起来，在资本的有力支持下，保障内容的持续输出，从而最终实现商业的稳定变现。

通俗地说，MCN 就是内容创作从个体产出模式到规模化、正规化、系列化的公司制产出模式。只要是有条件、有能力、有资源帮助短视频创作者的机构，都可以称为 MCN。

平台的需求是流量和变现，优质内容的持续产出是流量和变现的源泉，那么谁能持续高效地生产优质的内容呢？单打独斗的个人账号显然力量有限，如果把个人账号比作散兵游勇，那么 MCN 才是正规军。

MCN 将零散的个人账号聚集到一起，为他们的创作提供专业化的指导编排，然后通过专业化、流程化的制作和运营剪辑等，帮助他们持续输出优质的内容，从而大大提高了短视频作品的质量和生产效率。

同时，短视频平台也会对有创作能力的 MCN 进行全方位的扶持，比如提供流量倾斜、给予多种分成补贴、进行榜单激励等。

有了 MCN 和平台的双重加持，个人账号可以轻而易举地实现流量和收入的双丰收。目前各短视频平台上的一些爆款 IP 都是由 MCN 机构倾力打造的。

7.7.2 加入 MCN 的利弊

加入 MCN 的好处有以下几个方面：

（1）帮助内容创作者专注于内容的创作，给自媒体创作者一些专业化的指导和建议，提高内容的质量和水平。

（2）创作者有机会参加组织的分成计划，和个人单打独斗相比，收益要相对高一些，也稳定一些。

（3）可以帮你打造账号，增加粉丝和流量，推动流量变现、商业变现等。

（4）可以和各种平台对接，提高流量曝光度和推动变现。

加入MCN的坏处有以下两个方面：

（1）和加入MCN相比，个人创作在创作方向、创作内容、更新频率等方面更自由，加入MCN以后，必须遵守他们的要求，在创作方向、创作内容、创作频率等方面都会受到一定的限制。

（2）现在的MCN五花八门、良莠不齐，而且有些MCN还要收取一定的入门费，有些则是加入容易退出难，所以加入时务必慎之又慎，咨询清楚相关的问题。

7.7.3 怎样判断一家MCN是否靠谱

虽然加入MCN好处多多，但是目前MCN良莠不齐，所以创作者一定要擦亮眼睛，好好鉴别要加入的MCN是否靠谱，如果条件允许最好请律师帮忙把关，做到万无一失。

1. 看账号是单一平台还是全网矩阵

一般来说，全网矩阵的MCN要比单一平台的MCN更靠谱，所以签约时尽量选择那些全网矩阵的MCN，这对个人账号的发展非常有利，不仅会对个人账号在各平台的发展情况做出清晰的规划，而且还会对个人账号进行全方位的打造，大大提高个人账号的吸粉能力和变现能力。

2. 看各大平台的排名榜单

各平台的MCN排行榜单可以在很大程度上反映出MCN的真实水平，因为平台会重点扶持那些实力雄厚、影响力大、服务好、信誉好的MCN，而这样的MCN通常都会排在榜单的前列。

3. 看方向定位和案例

MCN分为自研型、签约型、电商型、混合型等类型。选择时，要看MCN的类型跟你的创作方向是否契合。也可以咨询他们孵化过哪些IP，看看这些IP的风格是否适合自己。

第8章

短视频营销：企业和品牌主变现的超级工具

和传统的图文营销相比，短视频营销更致力于用情感、角色、剧情来打动用户，从而让用户与产品或服务建立起情感的纽带。

短视频是一种更全面、更立体化的内容形态，能给用户视听一体化的感知和体验，让用户更真切地感受到产品或服务的优点和价值，因此更容易激发用户的购买欲，实现产品或服务的销售变现。

本章导读

8.1 认识短视频营销
8.2 品牌营销：提高知名度和销量
8.3 内容营销：提升短视频的吸引力
8.4 事件营销：巧妙蹭热点
8.5 口碑营销：提高用户好评率
8.6 饥饿营销：制造紧缺气氛
8.7 逆向营销：用反其道而行博取关注
8.8 短视频营销的注意事项

8.1 认识短视频营销

由于短视频巨大的流量和超强的营销能力，很多企业开始将营销的重心放在短视频上，并且不乏成功者。

比如被称为抖音美食界"大佬"的海底捞，2017 年在抖音策划了一个海底捞"鸡蛋虾滑油面筋"的吃法，让很多吃货垂涎欲滴。而后海底捞又陆续推出"番茄牛肉饭""最好吃的蘸料"等网红吃法，更是刷爆了抖音。据统计，靠着抖音的流量，2017 年海底捞的客流量超过了 1.03 亿人次，海底捞也根据抖音网红吃法，打造出了新菜单，让不少吃货连呼过瘾。

靠抖音成为"小红人"的还有答案茶。2018 年 1 月，一条主角是一杯会"占卜"的答案奶茶的短视频在抖音上迅速走红，这条视频收获了 883 万的播放量和 24 万的点赞量，抖友们纷纷留言要加盟。而当时，答案茶联合创始人秋涵和她的合伙人尚未运营实体店，他们看到答案茶在抖音上如此火爆，立刻嗅到了商机，决定立即开店。如今答案茶已有数百家加盟店。

看到上面的案例，可能很多商家或企业已经跃跃欲试了，不着急，下面我们就简单介绍短视频营销的基础知识。

8.1.1 短视频营销的优势

短视频营销，是企业和品牌主借助短视频这种媒介形式，通过选择人群，向目标观众传播有价值的内容，以吸引用户了解企业的产品和服务，最终形成交易的一种营销方式。做短视频营销最重要的两点，就是找到目标观众和创造有价值的内容。

短视频营销之所以受到商家和企业的青睐，主要是因为它具备下面几个优点。

1. 壁垒更高

相比于传统的图文营销，视频营销难度更高、专业性更强，因为它涉及选题策划、脚本写作、摄影摄像、配音、配乐、剪辑等多项专业工作。不过，一旦把这块硬骨头啃下来，企业在营销方面的优势就建立起来了。

2. 品牌更强

视频的内容比图文更丰富，包含的信息量更大，可以轻松植入品牌信息，或者向用户传递品牌精神或品牌形象，而且产品在视频中能呈现出多样化的形式，比如可以是人物、画面、场景、情节、段子等，用户对这些形式的兴趣和接受程度更高，转发分享的概率也会更高。

3. 互动更多

视频不仅内容丰富，能呈现多种产品形态，而且可以和用户进行互动，用户有什么想法和意见，可以留言、发弹幕、投稿，也可以模仿拍摄类似的视频等。

4. 渠道更广

短视频平台非常多，可传播的渠道也非常广，比如抖音、快手、西瓜、微视等，都可以作为短视频营销的平台，视频发布后，还可以分享到各个社交平台，从而让更多的用户对视频点赞、转发、评论。

5. 精准营销

与传统的营销方式相比，短视频营销能更精准地找到目标用户。因为用户的身份、年龄、性别、兴趣、职业等不同，观看的短视频类型也会有所不同。所以，企业可以根据自己的目标受众，去精准制作具有针对性的视频内容，这样更容易吸引目标受众，也更方便实现销售变现。

而且，短视频平台通常会设置搜索框，用户可以搜索相应的关键词，从而更精准地找到自己想看的内容。同时，各短视频平台也都有其独特的算法，可以将商品更精准地推送给目标用户，从而大大提高企业的营销效果。

8.1.2 短视频营销的基本原则

想要做好短视频营销，必须遵循下面几个基本原则（如图 8-1 所示），否则很容易误入歧途，最终毫无收获。

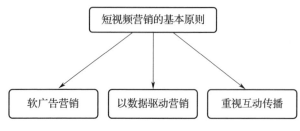

图 8-1 短视频营销的基本原则

1. 软广告营销

短视频营销和传统的广告营销最大的不同就是,它既不直接展示产品,也不生硬地植入广告,而是靠内容赢得用户,润物细无声地插入广告影响用户。

软广告营销其内容灵活多样,可以是接地气的生活片段,可以是幽默搞笑的段子,也可以是情节跌宕的剧情故事。总之,短视频的原创内容不是完全围绕产品的广告,但是却能在不经意间以润物无声的方式把营销信息传达给用户。

用户在观看短视频时,排斥的不是营销信息,而是赤裸裸的广告。短视频实现了营销内容原生化,把营销信息变成了背景的一部分,从而大大减少了用户对广告的排斥。用户在津津有味地观看视频内容的同时,会潜移默化地接受其中包含的营销信息,这就是软广告营销带来的传播效果。

2. 以数据驱动营销

与其他互联网平台的营销相比,短视频营销对大数据技术的利用更加充分。因为短视频平台采取的推荐算法与其他平台不同，更有利于实现以数据驱动的精准营销。

其他互联网平台也有自己的推荐算法。比如，微博会经常向用户推荐某个领域标签的内容。从表面看，微博是按照标签向用户进行了精准推荐。但实际上，微博系统向用户推荐的所谓垂直领域的内容，并不一定是用户感兴趣的，有的甚至是用户讨厌的。而且，有些营销号会靠抄袭原创内容来赚取流量，这对那些原创内容生产者是非常不公平的。

如果在创作和技术方面的难度大，短视频被别人抄袭的概率就大大降低了，这有利于对原创作者的保护。而且，短视频平台的推荐机制做到了有效分发原创内容，实现了推荐的精准化，即用户"所见即所需"。

无论你是拥有千万粉丝的头部账号，还是粉丝数不到两位数的小白，只要你的作品出现了爆款，平台系统就会给你更多的推荐，让你的账号和作品有更多的曝光率。这也是短视频行业红人层出不穷的原因。

短视频平台生成的数据能比较准确地反映出每个视频作品的受欢迎程度，平台系统会按照受欢迎程度来调整作品的推荐量。创作者为了提高推荐量，就必须围绕平台反馈的数据来制作符合用户需求的内容。因此，短视频营销最大限度地实现了个性化的精准营销。

3. 重视互动传播

短视频营销有一个不成文的法则，就是"无互动，不传播"，也就是说，做短视频营销不能单纯追求流量，还要重视与用户的互动，用户的点赞、评论和分享越多，你获得曝光的机会就越多。

而且，短视频平台有自己的推荐机制，它会根据历史数据把你的视频推荐出去，然后根据首批用户的播放、点赞、评论、分享等互动行为产生的新数据来评估推荐效果。

如果你的视频在首批用户中没有形成足够的互动，那么平台系统就不会再推荐你的视频。反之，如果首批用户用互动对你的视频表达了爱意，平台就会根据互动行为产生的数据反复推荐你的视频。

8.2 品牌营销：提高知名度和销量

品牌营销，是指企业通过扩大品牌的曝光，进一步提升品牌的知名度和影响力。

例如，麦当劳也开始试水用短视频进行营销：2017年4月，麦当劳与短视频平台Snapchat合作，举办了一场"Snapchat招聘"活动。它对求职者的要求颇具短视频风格。

先用Snapchat做一份个性化的简历，然后在Snapchat里"穿上"一件虚拟的麦当劳工作服，最后拍摄一个展示自己才能和优点的短视频，时长不能超过10秒钟。只要你的视频足够有料、有趣，就能进入下一步的面试环节。

其实，"Snapchat招聘"只是麦当劳试水短视频营销的一个噱头，目的是对自己的品牌进行宣传。果不其然，麦当劳凭借这场特殊的招聘迅速在网络上走红，成为媒体和年轻人的话题中心。

8.2.1 短视频品牌营销为什么这么火

当然,想在短视频营销领域分一杯羹的不止麦当劳,还有很多国际一线品牌,比如星巴克的星享卡推广、GUCCI的"线上"接力赛24HourAce、欧莱雅的化妆滤镜等。那么,各大品牌为什么都把品牌营销的目光瞄准了短视频营销呢?

1. 短视频具有三维立体的特点

短视频营销和过去的传统营销大不相同,它致力于用情感和角色打动用户,从而让用户与品牌的产品或服务之间建立起紧密的情感纽带。

讲述情怀、触动心灵、引发共鸣已然成为营销的大趋势,和传统的图文营销相比,短视频营销在这方面无疑占尽了优势,因为短视频营销具有三维立体的特点,集声音、表情、动作、情节等于一体,能让用户更真切地感受到品牌传递的情绪共鸣。

2. 短视频是年轻群体的社交名片

短视频时代,年轻群体已经成为品牌营销目标观众的主力军,90后、95后、00后这批年轻人大多是互联网时代的原住民,纸媒、电梯楼宇广告、电视广告等传统营销形式已无法引起他们的兴趣。

相反,快速兴起的短视频是时下年轻群体最钟爱的社交方式和娱乐方式,甚至可以说,短视频已经成为年轻群体的社交名片。所以,短视频营销是企业或品牌主赢得年轻观众的有效途径。

3. 短视频是大脑更喜欢的语言

据科学家研究，大脑处理可视化内容的速度要比纯文字快60000多倍，所以，和文字内容相比，人们更喜欢看视频内容。而且，忙碌的生活状态催生了大量的"低头族"。

尤其是年轻人，几乎一天24小时离不开手机，等车看、坐车看、走路看、吃饭看、上厕所看，而短小精悍的短视频更迎合了人们这种碎片化阅读的需求，成了人们每天的"必修课"。

因此，企业要想使品牌信息更易被用户接受，就要学会利用短视频作为与用户交流的语言。

8.2.2 如何利用短视频做好品牌营销

短视频营销虽然火爆，但是想利用短视频做好品牌营销并非易事，在这方面做得好的案例也为数不多。那么，企业或品牌主该如何利用短视频这个有力工具，打好自己品牌营销的牌呢？

1. 制造能引爆用户群的"社交话题"

短视频营销，其本质是社交营销的网络升级版，所以绝对不能玩"自说自话"的自嗨游戏。企业要想成功利用短视频做品牌营销，首先要找到目标用户切实关心的问题，然后把它制造成能引爆用户群的"社交话题"，并借助短视频的传播力把这个"社交话题"迅速扩大，随着该"社交话题"的影响力不断扩大，企业的品牌也将被越来越多的人知道和认可。

2. 用富有感染力的故事打动用户

广告几乎没人爱看，但故事却人人爱听。企业做品牌营销，与其投入大量金钱去做高大上的广告宣传片，不如用很小的成本去讲一个接地气、富有感染力的故事。

把品牌元素融入富有情怀和感染力的故事中，不仅能吸引用户的兴趣和注意，而且能感染他们、打动他们，让他们情不自禁地点赞、分享你的视频，你的品牌就在他们的点赞和分享中被不断地传播。

3. 利用"红人"资源搭建纽带

利用短视频做品牌营销，一是要找对资源。短视频"红人"就是做品牌营销的最佳资源，他们在短视频平台的影响力非常大，利用短视频"红人"和用户搭建情感纽带，更符合短视频用户的认知习惯，更容易在短视频用户圈子中形成信任传递，从而大大提高企业品牌的影响力和认可度。

例如你的企业是做运动装备的，你就可以邀请运动达人在他的视频或直播中推荐你的装备品牌，这样能让你的品牌更迅速地俘获用户的"芳心"，从而实现导流和传播。

4. 建立良好的品牌口碑

短视频时代，企业和品牌商必须重视品牌口碑的建立。因为消费者获取信息非常便捷，只要在网上搜索相关的关键字，就能轻易找到自己需要的信息。

消费者在使用某一品牌的产品或服务后，如果觉得质量好、服务优，该品牌就会立刻在消费者心中树立起良好的形象，同时在消费者口中形成良好的口碑。良好的口碑一旦形成，粉丝就会接踵而至。

5. 打造强大的粉丝团

短视频时代，粉丝是品牌发展的巨大推动力，因为粉丝的潜在消费能力非常强大。那么，品牌如何吸引粉丝，打造自己的粉丝团体呢？有一个能触动消费者心灵同时能体现企业使命的品牌故事是很重要的。

比如让粉丝感觉到你的产品或服务是站在他的角度设计开发的，从而让粉丝对品牌产生归属感。

6. 玩转创意营销

在短视频时代，创意营销已经成为短视频营销的潮流，更是品牌营销的最有力武器，擅长玩创意营销的品牌不仅更能激发用户的兴趣，而且能更迅速地传播自己的品牌。

8.3 内容营销：提升短视频的吸引力

说起短视频平台上什么营销方法最火，内容营销算是其中之一。下面我们就一起看看内容营销是什么，应该怎么运作。

内容营销是以文字、图片、视频等为媒介，向消费者传达商品或服务内容，以实现商品或服务销售的营销形式。

消费者在浏览文字、图片、视频时，如果对其中的商品或服务内容产生兴趣和消费欲望，就会成为你的粉丝，并有可能形成购买。这就要求你的内容营销要足够精准，否则你吸引的人群也不会精准，也就无法将他们吸纳为粉丝。

那么内容营销应该怎么做呢？下面就为创作者们分享几个内容营销的策略。

1. 从用户中挖掘内容

为了提高内容营销的有效性，要学会从用户中挖掘内容，并对这些内容进行分析加工，用来开展内容营销。

例如，海底捞在抖音平台举办了"开发海底捞多样吃法"的活动，吸引了众多用户的积极参与，在和用户的互动中，海底捞收集用户的需求、想法和创意，并对其进行分析加工，发掘出了很多新的产品与产品组合。

2. 以用户的需求为出发点

很多企业在做内容营销时，一味关注自己的需求，传达自己想传达给用户的信息，却对用户的需求不闻不问、漠不关心。这是大错特错的，不关注用户的需求，也就不知道、不能满足用户的需求，用户的需求得不到满足，自然不会对企业传达的营销信息感兴趣。

所以，企业在做内容营销的过程中，必须以用户的需求为出发点，提供符合用户情感的营销内容，这样才能吸引和打动用户。

3. 打造连续性的内容营销

抖音、快手等短视频平台很适合用连续的情景剧展示营销内容。企业通过在这些短视频平台投放连续性的营销内容，有利于实现其品牌的人格化。

比如，某企业打算推出一款全新的产品，但是这款产品的研发周期很长，投入很多，这时候，企业就可以用连续的剧本将研发过程、投入情况等贯穿起来，拍成"连续剧"放到短视频平台上。当然，要想自然地将营销内容植入"连续剧"中，不致令用户反感，企业最好聘请一个具有较强脚本写作技能的人。

8.4 事件营销：巧妙蹭热点

事件营销是指企业通过策划或利用具有新闻价值、社会影响及名人效应的人或事件，吸引媒体和消费者，以期提高企业产品或服务的知名度、美誉度，并最终实现销售变现的营销模式。

8.4.1 事件营销的特征

最佳的事件营销方案，是低成本高回报的营销方案，借势营销就是其中最典型的一种。借势营销，就是把自身品牌和社会热点事件相结合，借助热点达到产品或服务宣传、提高品牌曝光度，并最终实现吸粉和增加销售额的一种营销策略。

事件营销利用人们对社会热点事件的关注，往往能用最少的时间、精力和资金成本，实现较好的宣传效果。事件营销之所以具有这么好的效果，主要是基于它本身的三个特征。

1. 借助热点事件的流量

移动互联网时代，消息传播速度快，热点事件层出不穷。事件营销的本质就是蹭热点事件的热度，借热点事件的东风，有了热点事件的热度和助力，事件营销自然容易受到用户的关注。

2. 爆炸性传播

事件营销往往具有接地气、热度高、趣味性和娱乐性强等特点，而且社交媒体是它最主要的传播渠道，比如微博、微信、头条、抖音等。

在切入这些社交媒体后，社交媒体中的每个用户都能成为传播的节点，从而有助于实现爆炸性传播。

3. 高曝光度

事件营销的目的并非告知公众某个热点事件，而是为了提高品牌的曝光度，实现品牌的销售变现，从这个角度来说，事件营销可以说具有很强的功利性。

8.4.2 事件营销的运作过程

事件营销的运作过程分为以下几步：

1. 第一步：发现热点

移动互联网时代，每个人都是信息传播的节点，信息传播速度快，热点事件层出不穷，不仅数量多，而且更迭快。这就要求企业有选择性地挑选热点事件来做营销。

热点事件通常分为两类，一是周期性热点事件，二是突发性热点事件。

表 8-1　热点事件的种类

热点事件	内容	策略
周期性热点事件	周期性热点事件的时间一般是确定的，可以提前预知，比如各种节日（如国庆节、中秋节、春节）、各种活动（如体育比赛、娱乐活动）等	企业针对这类热点事件要提前做好营销规划
突发性热点事件	突发性热点事件不可预知	企业要提前建立相应的应急机制，以确保突发性热点事件来临时，可以迅速结合企业品牌进行营销传播

2. 第二步：和热点事件关联

事件营销要想取得成功，一定要设法制造品牌和热点事件之间的关联，文案中要有企业品牌的展示，或文字形式，或图片形式，或图文结合，让用户知道这是企业的营销活动。

为了加深用户对品牌的印象，事件营销必须做出创意，其要点是有趣、有用、能激发群体效应。

有趣是指文案或素材有趣，有用是指营销信息对用户有价值、有用处，满足这两者才能吸引用户，并让用户主动进行分享，激发群体效应。

营销信息能激发用户的某种社会情绪，即能引起用户的共鸣，这样用户会觉得企业和自己是站在同一阵线的，从而增强对企业品牌的归属感。

3. 第三步：选择投放渠道

营销的文案或创意确定之后，就要选择投放渠道了。大企业因为有足够的资金支撑，所以一般会选择流量大的广告位或大 V 来做宣传。

而小企业因为资金有限，只能借热点事件的东风，让自己人到微博、微信、论坛、贴吧、知乎、头条、抖音等各大网络平台去发布营销信息。而且这是个细水长流的工作，仅凭一两次的事件营销很难有明显的效果，要坚持不懈地做下去，效果才会慢慢体现出来。

8.4.3 事件营销的常见方法

下面再分享几个事件营销的常见方法，等到以后需要时，不妨套用。

1. 集合式

集合式没有什么技术含量和难度，只需对热点事件中的信息进行整合，然后搜集一些跟热点事件相关的资料，或写成文章，或制作成视频，找一批种子用户传播出去。

这种做法因为把用户想要的信息全集中在了一起，大大节省了用户检索信息的时间，所以颇受用户的喜欢和欢迎。

比如抖音账号"娱乐热点话题",它的视频内容都是对娱乐圈热点事件的盘点和分析,收获了大批粉丝的关注,因为人们想看的娱乐新闻几乎都能在这里找到。

2. 观点结论式

观点结论式的短视频,顾名思义,就是针对热点事件进行剖析,得出一个观点或结论,从而得到持相同观点的阅读者的认同。

比如德云社天津分社开业后,很多抖音账号借着这个热点点评郭德纲、德云社及相声圈,获得了很大的流量,同时也获得了很多用户的点赞和关注。

3. 段子手式

段子手式的短视频受到很多人追捧和转发分享,当它搭上热点事件的顺风车时,传播的速度就更快了。

8.5 口碑营销:提高用户好评率

和消费者直接接触广告不同,口碑营销是广告信息通过第三者到达消费者。消费者对广告有抵触心理,但对于朋友推荐的广告,防备心理相对较弱。

所以二次传播带来的读者更容易转化。

口碑营销，是企业策划、制作、发布、传播口碑题材，并通过相应的营销手段进行口碑传播，以满足用户的需求，促使他们形成购买的营销方式。简言之，就是通过群众的口碑来宣传自己的产品。

口碑产生的前提，是企业的产品或服务做到物有所值甚至物超所值，用户的体验超过了预期，对产品或服务非常满意，从而引爆用户的传播。

8.5.1 口碑营销内容的设计

内容是口碑营销的支点，如果内容无法吸引人们的关注，企业必将花更多的力气才能将口碑撑起。成功的口碑营销内容包括六个要素：借势、利益、新颖、争议、神秘、故事化。

满足这六个条件的口碑营销内容，才能吸引人们的关注，打动人们的心。

1. 借势

口碑营销要善于借势为己所用，比如社会热点、突发事件、竞争对手等都能用来借势。其中最典型、最常见的就是借社会热点的势。所谓社会热点，是指突发性新闻或者短时间内能引起大众社会集体性情绪的事件。

然而，生活中突发热点并不常有，这时候要善于给自己造势，也就是自己创造热点，引领口碑营销的新风向。

比如众所周知的麦当劳改名事件。麦当劳作为一个家喻户晓的洋快餐品牌，突然改名"金拱门"，这个"土气"的新名字立刻吸引了大众的眼球，不仅引起了全民大讨论，还成了一个新的热点，金拱门甚至成了一个"梗"在各个网络平台疯传。自己制造热点，引得全网为其做宣传，麦当劳这步棋下得太高明了。

2. 利益

在生活中，人们最关注的往往是和自己的利益息息相关的事，和自己的利益不相干的，人们一般很少去关注。企业在设计口碑营销的内容时，也要以目标用户的利益为切入点，也就是口碑营销的内容必须与目标观众的利益相关，这样才能吸引目标观众的关注。

3. 新颖

现在是一个信息大爆炸的时代，各种营销信息泛滥成灾，人们对营销信息已经具有极强的免疫力，那些毫无新意、毫无创意的营销信息，已经很难引起人们的关注，只有内容新颖、有创意的营销信息才能吸引大众的关注。

4. 争议

经常浏览新闻的人都知道，那些具有争议性的话题不仅传播速度快，而且传播范围广，企业在设计口碑营销的内容时，也可以在这方面下功夫，让营销的内容具有一定的争议性。

不过，企业在制造争议性内容时要把握好尺度，最好使争议在几个正面意见中发展，尽量别让争论中出现负面的意见，以免弄巧成拙，影响企业的形象。

5. 神秘

说得形象一点,秘密就像一只潘多拉魔盒,它越是充满神秘感,人们就越想打开它。这同样适用于口碑营销的内容设计,企业在设计口碑营销的内容时,可以故意设计得神秘一些,这往往能激起人们的探究欲。

6. 故事化

人都喜欢听新奇有趣的故事,企业在设计口碑营销的内容时,也要迎合人们的这种喜好:忘记自己是在做营销宣传,而是在编写一段故事。而如何编好这个故事,就要看故事创作者的创作力和商业智慧如何了。

8.5.2 口碑营销怎么做

要想做好口碑营销,还要注意以下几个技巧(见图 8-2):

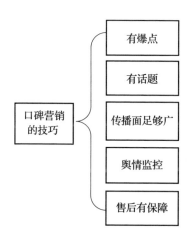

图 8-2 口碑营销的技巧

1. 有爆点

想要做好口碑营销，首先要策划一个能引起人们关注的爆点，有了这个爆点才能激发人们的兴趣，有兴趣人们才会关注你的产品和品牌信息，并且传播这些信息。

比如某厂家推出一款新产品，以限量款超低价作为产品卖点，当有人以超低价买到这款限量版产品时，就会按捺不住内心的激动，通过微信朋友圈等途径把产品的信息分享出去，这样就有了引发口碑传播的基础。

口碑营销最重要的是站在用户的角度、围绕用户的需求考虑产品的价格、服务和售后，并真正做到价格公道、质量和售后有保证，这样才能在用户那里形成良好的口碑。

2. 有话题

口碑营销要想成功，一定要让用户有讨论的话题，并设法让产品在用户心中留下深刻印象，这样用户才会持续关注和传播。比如一些企业通过制造话题引发人们的关注和讨论，以达到口碑宣传的目的。

例如2014年，超能洗衣液从"每个女人都有超能的一面，每个女人都是超能女人"的立意点出发，向全社会抛出一个问题：谁是你心目中的超能女人？并且在预热期拍摄了一部广告片，广告片选取飞行员的父亲、服装设计师的丈夫、钢管舞者的弟弟，从男性的视角向人们讲诉他们心目中的超能女人。

广告片播出以后，瞬间引爆话题，引起千万网友的热议，迅速形成了口碑传播。超能此次的话题营销非常成功，市场占有率一举从 4.7% 上升到 10.8%，销量比上一年提高了 160%。

3. 传播面足够广

有了话题之后，用户会在自己的圈子进行传播，企业也要通过各种传播媒体进行产品的宣传。

对于企业来说，可以选择的传播媒体非常多，比如抖音、快手、微视、微博、头条、百度等，每个平台都有大量的用户，而要想在这些平台用户中形成口碑传播，还是要靠足够吸引大众眼球的产品爆点和营销话题。

4. 舆情监控

媒体传播和用户口碑形成以后，一定会出现很多正面或负面的声音，这时候，企业一定要对口碑传播进行舆情监控，监控的重点要根据不同的媒体平台来确定。

比如微信朋友圈要重点监控用户自身反馈的产品信息，微博要重点监控转载评论区的反馈信息，抖音、今日头条等要重点监控转载和评论区的反馈信息。

总之，用户对产品方向、产品特点、产品优劣的讨论都要进行舆情监控，并且要对监控数据进行分类统计汇总，尤其要注意处理负面的口碑信息，这样才能引导口碑朝着健康的方向发展。

5. 售后有保障

有了爆点、话题、传播和监控，口碑营销的目标算是基本实现了，接下来，企业要做的就是用产品和服务建立用户的满意度和忠诚度了，也就是企业要用产品品牌承担起口碑"有落地"的任务。

在口碑宣传里对用户做出的承诺，此时都应该一一兑现，尤其是产品的售后服务一定要跟上，用户的权益一定要保障，别让前期的口碑宣传成为无法兑现的空话。

8.6 饥饿营销：制造紧缺气氛

饥饿营销，是指商品或服务提供者故意调低商品或服务供应量（限量供应），以制造一种供不应求的"假象"，借此维护品牌形象，并维持商品或服务高售价和高利润率的营销策略。

在很多销售场合，经常看到饥饿营销的现象，比如很多销售火爆的商品会用"限量销售""秒杀""抢购"等吊消费者的胃口，以最大限度地激发消费者的购买欲望。

这种策略能为商品或服务的提价销售以及未来的大量销售奠定基础。但是，不是所有商品或服务都适合用饥饿营销，下面我就聊聊饥饿营销如何开展。

8.6.1 饥饿营销的操作步骤

在具体操作时，饥饿营销分为以下三个步骤（见图8-3）：

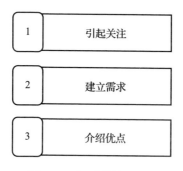

图 8-3 饥饿营销的步骤

1. 引起关注

想办法引起用户的关注是饥饿营销的第一步,有用户关注了,才能形成购买的可能。而要想引起用户的关注,就要抓住人性弱点,给用户一些实惠和好处,比如免费试用产品、赠送与产品相关的礼品等,都能在很大程度上吸引用户的关注。

2. 建立需求

引导用户建立对产品的需求,是饥饿营销的第二步。如果用户只是关注了产品,却没有发现自己对产品有需求,那么形成购买的概率是很小的,所以,企业一定要对用户的需求进行引导和激发。

3. 介绍优点

对用户的需求进行引导后,还要趁热打铁,向用户介绍产品的优点和价值,它能给用户带来什么利益和好处,以进一步提升用户对产品的兴趣和拥有欲。

8.6.2 饥饿营销

直播带货非常适合用饥饿营销的策略,事实上在很多直播间主播们也在运用饥饿营销策略刺激用户购买。

例如,主播甲和主播乙分别直播带货同一款产品,主播甲说:"这款产品真的很好,每天都有很多人买!"主播乙说:"这款产品真的很好,我这个月已经卖出 1000 多套了,现在我手里还剩最后 100 套。"

哪位主播的销售话术更能激起用户的购买欲?肯定是主播乙。因为主播乙的话术将产品的抢手程度量化了(卖出 1000 多套),而且使用了饥饿营销策略(最后 100 套),这样的表达既能显示商品的抢手程度,又会让用户产生一种"再不买就没有了"的错觉,从而大大提升用户的购买欲。

饥饿营销的好处是,向用户暗示这个产品是非常稀少的,能拥有的人非常幸运,所以会将相关信息展示出去,表明自己是多么幸运。

那么,是不是有数字、有限量就是成功的饥饿营销呢?不是的,饥饿营销有以下三个层次(见图 8-4)。

图 8-4　饥饿营销的三个层次

1. 限量销售

为什么商品越限量供应，用户的购买欲越强？这主要是由稀缺效应导致的。稀缺效应，通俗地说就是物以稀为贵的心理现象。

一种商品买到的机会越少，其价值就显得越高，对用户的吸引力就越大，用户的购买欲也就越强。

2. 由充足变稀缺

当一种商品由供应充足变得稀缺时，用户的购买欲望会比供应一直处于稀缺状态时更强烈。

3. 由极力争取引发的稀缺

比起"由充足变稀缺"更能激发用户购买欲的，是由极力争取引发的稀缺，这也是我们在直播间经常看到主播和厂家讨价还价的一幕。

8.7 逆向营销：用反其道而行博取关注

随着营销的花样越来越多，常规的营销已经很难吸引消费者的目光了，尤其是现在的消费主力——年轻群体越来越追求个性化、娱乐化、多元化的内容和体验，传统的营销方式已经很难在他们心中形成记忆。

要想在铺天盖地的营销信息中脱颖而出，就必须另辟蹊径。逆向营销就是一种最典型的另辟蹊径。

8.7.1 逆向营销是什么

逆向营销，就是不按常规出牌，用反其道而行之的营销策略，为目标观众带来巨大的心理反差或超出预料的惊喜，从而让目标观众对品牌形成独特而深刻的记忆。

比如 2020 年，网易严选用"退出双十一"的反向操作把自己送上了热搜，引发了人们的广泛热议与关注；汉堡王用一个发霉的汉堡打破了人们对快餐食品色泽亮丽的传统印象，以此传递汉堡王"产品很健康，没有防腐剂成分"的理念；加多宝自嘲说："对不起，是我们太笨，用了 17 年时间才把中国的凉茶做成唯一可以比肩可口可乐的品牌"……这些逆向营销的案例都成功博取了观众的眼球。

逆向营销策略或正话反说，或先否定后肯定，意外的转折使广告更具有可看性，也更容易赢得观众的关注和好感。

逆向营销之所以能吸引人们的注意，无非是因为它打破了传统思维，从逆向思维出发，以"负能量、反鸡汤"的方式，击中了时下人们的痛点。

8.7.2 逆向营销的使用技巧

使用逆向营销要注意以下三个技巧：

1. 制造反差引发好奇

逆向营销以人为中心，巧妙利用人性的弱点，用不落俗套的非常规思维引起观众的巨大心理反差和好奇心，进而诱导观众认同和参与到营销活动中。

比如抖音上"不要做广告"这个短视频，就是用"正话反说"去激发用户的好奇心，这种做法不仅让广告更有新鲜感和吸引力，也更容易让用户接受广告的内容。

2. 洞察用户的基本需求

逆向营销之所以能引发用户的共鸣，是因为它深入挖掘了用户消费背后的需求逻辑，洞察了用户的本质需求。

汉堡王的"发霉汉堡"营销之所以取得成功，就是因为它发掘了用户对食品健康的心理需求，用看似"自毁"的做法反向证明了自家产品的安全性，提升了用户对这个品牌的信任感。

3. 价值观吻合人们的情感诉求

逆向营销虽然是吸睛的利器，但它并非营销的灵丹妙药，所以，在使用这种营销策略时，尽量注意价值观是否吻合人们的情感诉求，否则会适得其反，影响营销效果。

比如抖音上有一句文案"年纪越大越没人会原谅你的贫穷和无能"，这句文案被很多励志类短视频账号竞相使用，但是却引起了很多人的反感和批判，比如出现了大量"用你原谅吗""你做直播就能赚大钱了吗"等批判声。

8.8 短视频营销的注意事项

做短视频营销有很多讲究，下面是很多短视频运营者、广告主、品牌主在营销过程中经常犯的一些错误，希望创作者们引以为戒：

1. 短视频营销不是植入广告

很多广告主、品牌主觉得，把产品和品牌植入短视频里就是短视频营销。这种理解是错误的，短视频营销不等同于直接植入广告。短视频营销并不是简单地让短视频播主录一段关于产品或品牌的视频，而是把产品或品牌包装成短视频的内容，让产品或品牌巧妙地融入短视频的内容中。

可口可乐公司在短视频营销方面就做得非常好，它把乐观的精神融入它的产品品牌里，然后再把品牌精神拍成一段段视频放到各个平台上，从而感染了很多人，也吸引了很多人。

2. 短视频营销需要持续发力

任何事情的成功都不是一蹴而就的，短视频营销也不例外。短视频营销要想见到成效，必须循序渐进、细水长流，不要奢望通过它实现一夜爆红的美梦，也不要奢望通过它让你的产品或品牌天下闻名、尽人皆知。

做短视频营销是点滴功夫，需要持续发力，每天进步一点点，久而久之，你的产品或品牌影响力就会大大提高。三天打鱼，两天晒网，效果肯定不理想。

3. 短视频营销需要整体运营

短视频营销不能靠单点的突破，而要靠整体的运营。我们要把短视频营销当成事业来做，要学会多条腿走路，把它和媒体营销、文字营销、音频营销等其他营销结合起来，这样才能最大限度地增加产品或品牌的曝光率，让更多的人看到你的产品或品牌。

从零开始做
抖音短视频

第 9 章

拍摄：短视频也能拍出大片感

因为短视频的高流量、低门槛，很多人想通过拍短视频来赚流量、博关注。

但是，看视频和拍视频毕竟是两码事，拍视频不仅需要很多拍摄设备，还要掌握一定的拍摄方法与技巧。

本章导读

9.1 做短视频所需要的设备
9.2 拍摄方法与技巧
9.3 脚本撰写
9.4 镜头如何应用
9.5 短视频配音
9.6 短视频配乐

9.1 做短视频所需要的设备

想要拍好短视频，拍摄设备是必须解决的第一要务。那么对新入行的短视频创作者来说，应该如何选择拍摄设备呢？

9.1.1 拍摄设备

拍摄短视频，最基础的需要就是拍摄设备。目前大部分智能手机就能满足基本的拍摄需求，也是很多人拍视频的首选设备。不过，如果想拍摄得更清晰、更有质感，就需要更专业的拍摄设备了。

1. 手机

如果对拍摄的基础知识不是很了解，贸然选择单反等专业拍摄设备，可能会适得其反，白花钱。所以，刚入门的短视频新手暂时无须购买单反相机、手持稳定器、灯光等专业的拍摄设备，可以先选择入门级别的拍摄设备——智能手机，像苹果、华为、OPPO、vivo等。

智能手机不仅能满足基本的拍摄需求，而且携带方便，操作简单，无须专业的拍摄技巧。但是手机也有一些不可规避的缺点，比如像素比较低，容易出现燥点等。

2. 单反相机

如果对拍摄的基础知识很了解，同时运营资金也比较充足的话，可以考虑选用一些专业的拍摄设备，比如单反相机。单反相机拍摄画质清晰，手控调节能力强，携带也比较方便。

但单反相机也有一些缺点，比如价格贵、电池续航能力差导致拍摄时间短等。

3. 专业级摄像机

专业级摄像机适合专业团队拍摄专业视频，比如情景短剧、教学视频等，因为它的电池续航能力强，拍摄时间长，不用担心拍着拍着突然没电了。当然，它也有一些缺点，比如体型大、画质不如单反相机好、价格昂贵等。

三种拍摄设备优缺点对比如表9-1所示。

表9-1 三种拍摄设备优缺点对比

种类	优点	缺点
手机	携带方便，操作简单	像素较低，易出现燥点
单反相机	画质清晰，携带方便	价格贵，电池续航能力差
专业级摄像机	电池续航能力强，拍摄时间长	体型大，画质不如单反相机好，价格昂贵

9.1.2 辅助设备

想要拍出优质的短视频，除了基础的拍摄设备，还需要一些辅助设备来提升画面的稳定性和画质的清晰度。拍摄的辅助设备主要包括下面几种：

1. 拍摄支架或三脚架

拍摄支架或三脚架主要用于固定拍摄设备，以防止手部抖动造成视频画面晃动影响清晰度。拍摄一些特殊大的镜头，需要靠三脚架来完成。如果是比较专业的视频制作团队，建议选择摄像机的三脚架，因为用摄像机的三脚架拍摄出来的视频画面更稳，能更好地完成一些推拉升降的镜头动作。

如果在拍摄镜头时需要抓拍，摄像机的三脚架在这时候更能派上用场。

2. 灯光设备

拍摄视频时，通常需要用灯光来增加视频的亮度。如果不想花太多钱，可以使用反光板。如果需要经常外出拍摄视频，觉得携带反光板不太方便，也可以使用摄像灯，直接安装在摄像设备上，非常方便。

如果对灯光效果要求很高，比如需要在晚上拍摄视频，那么可以选择一些用于模特拍摄的灯箱设备。

3. 收声设备：麦克风

麦克风也是短视频制作者会忽略的设备，如果我们直接通过手机或相机自身来收声，可能会由于距离远近不同造成声音忽大忽小。有时候，在户外拍摄时，还会遇上噪音太大、杂音太多的情况，这时候，就非常需要一个麦克风来保证拍摄的声音清晰。

短视频拍摄一般可以选择指向性麦克风或无线领夹麦克风，价格从几十元到千元不等，要以音质为前提，选择性价比高的产品。

4. 音频设备

音频设备的主要作用是采集声音。如果你购买的拍摄设备自带录音功能，可以直接用拍摄设备来录音。如果不带录音功能，则需要单独购买录音设备，比如录音笔。

9.1.3 选购拍摄设备的注意事项

选择拍摄设备还有哪些需要注意的地方呢？下面就简单说一说。

1. 结合自身情况选择设备

选择拍摄设备，首先要结合自身的情况，比如价格预算、拍摄经验等，去选择更适合自己的设备。如果你想零成本拍摄，智能手机是你的首选。如果你想要更好的拍摄效果，并且预算允许的话，微单、单反、运动相机、云台相机都是不错的选择。

2. 结合拍摄需求选择设备

选择拍摄器材时，除了考虑性能外，还要考虑器材的重量，因为拍摄视频经常需要外出，携带这些拍摄器材需要耗费不少体力，如果是一个团队还好，如果只有一两个人，尤其是女性，一定要结合自己的情况进行选择。

如果拍摄需要经常外出，还要考虑拍摄设备的续航能力、自动对焦能力以及对严酷气候（比如严寒酷暑）的承受能力。另外还要考虑可能用到的收音设备和存储设备，总之要结合自己的拍摄需求来选择设备。

如果拍摄的环境比较嘈杂，最好准备一些具有降噪功能的设备，比如耳麦、麦克风等收音设备。另外拍摄短视频时，如果担心出现画面抖动，则要考虑购买一些固定设备，如用于室内拍摄的八爪鱼、三脚架、自拍杆等，用于室外拍摄的手机云台、相机云台等。

9.2 拍摄方法与技巧

现在越来越多的人开始用短视频记录自己的生活，但是很多人到平台上拿自己的视频和别人的视频一对比，立刻会觉得自己技不如人。

其实短视频拍得好不好，关键在于基础的拍摄手法。掌握了基础的拍摄手法，再综合运用其他一些拍摄技巧，想拍出高质量的短视频并不是难事。

9.2.1 短视频的基础拍摄手法

很多新手在拍短视频时，通常都是使用固定镜头拍摄，因为操作难度低，但是这种拍摄方法拍出来的视频画面枯燥，缺乏生机和活力，让人看了觉得索然无味。下面给创作者们分享几个拍摄小技巧，希望大家也能拍出好看、优质的短视频。

1. 推拉镜头

推镜头是指将镜头匀速移近被拍摄对象，使景别逐渐从远景过渡到中景、近景再到特写，这样运动镜头能突出被拍摄主体，让观众始终将注意力集中在视频主体上。

拉镜头和推镜头正好方向相反，是将镜头匀速远离被拍摄对象，使画面中的景物逐渐增多，以此来交代被拍摄对象所处的环境。

需要注意的是，这种拍摄技巧需要提前规划好运动路线，运动要尽量保持匀速，稳定器也要使用全锁定模式，这样能让稳定器更好地保持稳定性，以免拍摄时出现抖动导致视频画面不清晰。

2. 环绕人物镜头

拍摄环绕人物镜头需要保持拍摄设备位置不变，以被拍摄对象为中心，手持稳定器进行旋转运动，这种环绕人物镜头的画面不仅能突出被拍摄主体，还能增加画面的张力，让观众的情绪更容易受到触动。

在拍摄环绕人物镜头时，稳定器要切换成航向跟随模式，让被拍摄对象处于画面的中心，拍摄者围绕被拍摄对象做圆周运动进行拍摄。

在运动过程中，拍摄者要注意保持拍摄设备与被拍摄对象始终保持等距，运动轨迹要保持顺畅，同时要尽量压低重心，步伐保持匀速，以提高设备的稳定性。

3. 蚂蚁镜头

蚂蚁镜头，即低角度镜头，是让镜头以超低的角度（有时甚至是贴近地面的角度）进行拍摄，因为角度越低，拍摄出来的画面空间感越强。

低角度拍摄能让镜头聚焦于某一特定部位，比如拍摄人的脚步，这种镜头能大大提高视频画面的感染力。

需要注意的是，低角度拍摄时，稳定器要使用全锁定模式，拍摄者要尽量降低重心，并且倒置提握稳定器，采用缓慢匀速的步伐跟拍。如果条件允许，最好能使用超广角镜头拍摄，这样画面的效果会更好。

4. 快速切换场景

在影视剧中，经常能看到快切镜头，这种镜头不管是用于人物互动还是转场，都能使画面自然地转接，不会让观众有生硬的感觉。拍摄快切镜头时，要把稳定器切换为极速跟随模式，让稳定器跟随手臂的摇摆晃动，营造画面转向模糊的视觉感。

5. 跟镜头

跟镜头，就是拍摄者在被拍摄对象的后面、侧面跟随他/她/它的运动而运动。在拍摄过程中，拍摄者和被拍摄对象要始终保持等距，并且尽量保持匀速运动。这种镜头能快速调动观众的情绪，甚至会让观众产生一种自己即是剧中人的感觉。

6. 升降镜头

升降镜头，就是借助稳定器拍摄上升或下降的画面。升降镜头不仅能拓宽画面感，增加画面的信息量，在主体上还能从被拍摄体局部移动，展现出被拍摄体本身，同时在空间上能产生一种从收缩到纵深的视觉效果，起到烘托气氛、体现画面变化的作用。

拍摄升降镜头时，通常使用航向跟随模式或全锁定模式，拍摄者需要降低身体的重心，身体从半蹲逐渐到直立，要通过手臂慢慢抬高稳定器。为了使画面显得更紧凑，拍摄时可以使用二倍焦距。

9.2.2 短视频拍摄的注意事项

拍摄短视频时，还要注意以下事项：

1. 掌握构图技巧

无论拍摄什么内容的短视频，必须掌握基础的构图技巧，不懂得构图，拍摄出来的视频画面肯定不理想。

2. 保持画面稳定

在拍摄过程中，一定要使用三脚架等固定设备来固定拍摄设备，以保证画面的稳定性和清晰度。

3. 善于利用光线

在拍摄过程中，为了保证画面的清晰度和明亮度，尤其是主体和背景的层次感，一定要保证拍摄的光线，并且善于利用光线，让整个画面变得更和谐、更有质感。

4. 选择拍摄角度

拍摄角度选不好，会在很大程度上影响视频的质量，因此，拍摄时一定要选好拍摄的角度，这没有方法和技巧可言，只能在日常拍摄中多练习、多总结。

9.3 脚本撰写

想在竞争激烈的短视频行业中脱颖而出,除了好的内容和情节,一些准备工作也是必不可少的,其中最重要的准备工作就是撰写脚本。

那么,脚本到底是什么呢?其实和影视剧的剧本一样,脚本就是短视频的模板和框架,是整个短视频的大纲,脚本写得好不好,直接决定着短视频的内容质量和命运走向。下面我们就一起学习脚本的作用、构成要素和写作方法。

9.3.1 脚本有哪些作用

脚本主要有以下两方面的作用:

1. 提高拍摄效率

脚本是短视频拍摄的大纲和依据,在拍摄过程中,所有工作人员的行为、语言、表情、动作都要根据脚本来开展。

另外拍摄的设备、道具、服装、化妆、环境、场景等元素,都是根据脚本提前确定的。换言之,脚本已经提前统筹好每个人每一步要做的工作,这样可以大大提高拍摄的效率,保证短视频高效、高质量地完成。

2. 提高拍摄质量

短视频最大的特点就是短小精悍,即时间短、内容精。要想拍出来的短视频具有这样的特点，就必须提前写好脚本，布置好拍摄场景、拍摄道具，仅凭现场发挥一般很难达到这样的效果。

脚本是短视频的拍摄框架，有框架拍摄进度就会很顺畅，校对拍摄内容也会非常方便。

前期写脚本可能会耗费不少时间和精力，但是熟能生巧，随着写作次数不断增加，你会发现拍摄越来越顺畅，质量也越来越高。

9.3.2 短视频脚本的分类

短视频脚本主要有以下几种类型：

1. 拍摄提纲

拍摄提纲类的短视频脚本主要适合新闻纪录片和部分故事片。

新闻纪录片因为有很多不确定性因素，所以在撰写拍摄提纲时要把预期拍摄的要点全部列出来。

当故事片的某些场景难以预先分镜头时，导演和摄影师就要根据拍摄要点共同撰写拍摄提纲，以便在拍摄现场灵活处理。

2. 分镜头脚本

分镜头脚本对拍摄的要求非常细致，每一个画面都必须在掌控之中，包括每个镜头的长短和细节，这种类型的脚本适合故事性较强的短视频。

3. 文学脚本

和前两种脚本类型相比，文学脚本基本列出了所有可控因素的拍摄思路。除了一些不可控因素，其他的场景安排几乎全部囊括其中，这就在很大程度上保证了拍摄的效率和进度。

文学脚本主要适合没什么剧情的短视频。

9.3.3 脚本应该怎么写

要想写好短视频脚本，必须注意以下几点。

1. 明确主题

不管拍摄哪种类型的短视频，都要先找到中心点，即想表达什么样的内容主题。

比如抖音账号"宏先生"，主题基本都是职场正能量小故事，通过小故事引发人的思考。做短视频都是如此，要先有主题，后续的工作才能进一步展开。

2. 撰写大纲

确定好主题后，接下来的工作就是围绕主题撰写大纲了，也就是搭建故事框架，这一步要做的是把想表达的主旨用故事、段子等形式展现出来。

这里面涉及的内容很多，比如故事线索、人物关系、环境场景等，都要在大纲里设计好。

3. 拍摄细节

细节决定成败。同样的故事梗概交给不同的短视频创作者，拍出来视频可能有天壤之别。

好的短视频和差的短视频的差距，很可能就在于细节能否打动人心。所以在脚本中，视频内容所可能涉及的细节，也要提前考虑好，比如人物着装、拍摄道具等，一丝一毫都不能马虎。

4. 场景设计

和影视剧一样，短视频也需要在场景设计方面下功夫，因为有质感的场景设计，往往更能获得粉丝的好感和信任。

场景设计，最重要的是和脚本剧情表现相契合，比如职场故事就把场景设计在办公室，校园故事就把场景设计在学校等，这样才能让观众有真实感和代入感，有进一步看下去的欲望。

5. 时间把控

时间把控，并不是纠结视频的时长一定要卡到多少秒，而是怎样在时间节点上设置转折、反转，以此吸引用户继续看下去。

比如，用10秒吸引用户、10秒制造反转、20秒吸引用户关注等。

6. 道具、特效和背景音乐

要想做好短视频，除了人物和道具，特效和背景音乐也是不能缺少的，它们对视频内容和人物情绪起着重要的渲染作用。

所以在脚本中，特效和背景音乐也是必须考虑的元素，否则短视频内容再好，也会显得枯燥乏味，让人提不起兴趣。

9.4 镜头如何应用

9.4.1 镜头景别

拍摄时，会用远景、全景、中景、近景、特写来表现画面的情感，以便让画面的情感表现得更充分。下面我详细介绍这几个镜头。

（1）远景：是把整个人和环境都拍摄在画面里，常用来展现事件发生的时间、环境、规模和气氛。

（2）全景：比远景更近一些，是把整个人物展示在画面里，常用来表现人物的全身动作，或者人物之间的关系。

（3）中景：指拍摄人物的膝盖到头顶部分，不仅能使观众看清楚人物的面部表情，而且有利于展示人物的形体动作。

（4）近景：指拍摄人物胸部以上到头部位置，有利于展现人物的面部表情、神态或其他部位的行为举止。

（5）特写：是指对人物的五官或身体某部位的细节进行拍摄，当需要突出某个细节时，最适合用特写来表现。

如图9-1所示，其中1图为远景，2图为全景，3图为中景，4图为近景，5图为特写。

图 9-1 镜头

镜头的拍摄方法主要有推、拉、摇、移、跟等多种形式，拍摄手法不同，呈现出来的拍摄效果也不同。

事先明确拍摄方法，到拍摄时就不用耗费太多的时间和负责拍摄的工作人员进行沟通，从而有利于保证拍摄的进度和画面的效果。

9.4.2 三类短视频镜头的运用

前文为大家介绍了几种镜头，在种类繁多的短视频中，该如何运用这些不同的拍摄方式呢？以下列举了三种常见的短视频类型，以及合适的拍摄方式以供大家参考。

1. 自拍类短视频：中近景+平俯拍

自拍类短视频一般采用中近景的方式，只要能保证自身的展现空间足够即可，无须过多交代大环境。例如我们熟知的 Papi 酱，她早期的短视频多是利用平拍或者略微俯拍的方式。这类短视频的拍摄手法单一，重点在于短视频内容，但短视频的整体节奏，也需要后期进行调整。

2. 生活分享类短视频：中景+特写

这类短视频通常是展现人物的上半身，常用中近景和特写进行拍摄，略去背景和周围环境的干扰，将视线聚焦在主体上。例如生活小技巧、美食吃播、美妆护肤和产品测评类短视频。

这类需要展示"动手"动作的短视频，基本只需要简单的镜头语言，交代视频的主旨，利用近景或特写镜头突出某个重要部分。我们熟知的"办公室小野"，就是利用简洁明了的拍摄方式，给予用户良好的体验感，因此受到大量粉丝的追捧。

3. 访谈（街坊）类短视频：固定镜头+中近景

访谈类短视频的镜头比较简单，很少会采用动态镜头，一般利用中景和近景进行切换。

访谈类短视频主要展现嘉宾的面部表情和精神状态，有时可能会穿插一些空镜头增添短视频的趣味性。例如，"一条"短视频中除了会利用远景记录画面，还会在人物采访中适时添加一些小景别的空镜，使整个短片看起来更充实。

另外，我们常见的街头采访，可以采取手持设备进行拍摄，营造街头的随意性，增加真实感。从景别上来说，街头采访大多是运用中景来拍摄，这样既能看清被访人的神态，又能感受周围的环境。从拍摄方式上来说，运用固定机位即可，但可设置多台设备同时拍摄，为后期剪辑提供更多的选择,能够更灵活地切换画面。

在理解了不同镜头所呈现的不同画面感之后,我们可以根据自己的需要,发挥创意,创造我们自己的"镜头语言"。

9.5 短视频配音

做短视频,声音呈现非常重要。微电影、宣传片、广告片等一般都是用专业配音。

短视频创作者,多是自己录音。自己录音又分两种情况,第一种是边拍视频边录制声音;第二种是先拍画面,然后再根据画面进行单独配音。

演讲教学、电影解说、情景短片、直播解说等短视频,都需要后期配音。下面就为创作者们介绍一些后期配音的小技巧。

1. 善用动作和道具

相信很多人都看过《声临其境》,里面的演员在配音时,经常会做一些肢体动作,有时候还要使用一些道具,这样做是为了让声音更贴近角色。

比如梅婷在为《唐山大地震》中的元妮(徐帆饰)配音时,赤着脚跪在地上;宁静在为《功夫》中的包租婆(元秋饰)配音时,嘴里叼着一根小木棍。

在为短视频配音时，要根据不同的角色和情景，使用一些适宜的肢体动作和道具，以找到最适合角色的声线。

2. 模仿影视剧配音

配音需要多学习、多练习。有个不错的方法大家不妨尝试一下，就是模仿影视剧中原角色的声音，认真学习对方的发音和语调。

练习一段时间后，再关掉声音，根据字幕给短视频配音。

3. 善用配音软件

利用配音软件可以在很大程度上提高配音的效果。现在，网上可以找到各种各样的配音软件，有收费的，也有免费的。选择时，最重要的是实用、操作简单，当然，如果能找到免费的软件，就尽量别用收钱的。在第11章，我介绍了几个配音App，感兴趣的读者可以直接翻到第11章阅读。

4. 坚持多练习

俗话说：三天不念口生，三天不做手生。配音需要多练习，长时间不练，你的嘴巴就会渐渐生硬，配音的功夫会大大退步。所以，张开嘴巴多做练习，是你每天的必修课。

9.6 短视频配乐

为短视频配乐是令很多人头疼的事，因为它没有固定的套路，也没有参考标准,需要创作者根据短视频的内容主旨、整体节奏来选择音乐。

那么,怎样才能选到合适的音乐,让短视频有代入感呢?需要掌握以下几点技巧和注意事项。

1. 选择符合短视频基调的配乐

在给短视频配乐时,要先了解清楚短视频的主题和基调,然后据此为短视频中的人、事、物筛选背景音乐。选择与短视频主题和基调相契合的音乐,有助于带动用户的情绪,提高用户对短视频的体验感。

比如,你拍的是风景类的视频,就要选一些大气的音乐,或古色古香的音乐;你拍的是搞笑类的视频,就要选一些有搞怪气质的音乐;你拍的是励志类的视频,就要选一些充满激情和斗志的音乐;你拍的是情感类的视频,就要选一些抒情的音乐……合适的配乐在情感和节奏上与短视频的内容是契合的,能让整个视频画面更具感染力、更有代入感。

2. 灵活调整背景音乐的节奏

合适的背景音乐能带动短视频的节奏。为了使背景音乐与视频的节奏更加契合,创作者在进行视频剪辑时,最好按照拍摄的时间顺序先进行粗剪,分析过视频的节奏后,再根据整体的感觉去寻找合适的音乐。

而且,背景音乐的节奏要跟随镜头切换的频次进行灵活调整。比如视频中长镜头较多,那么就要使用节奏缓慢的背景音乐;视频中多个镜头是快速切换的,那么就要使用节奏快一些的背景音乐。简言之,就是要根据视频节点调整背景音乐,让背景音乐和视频节奏更契合。

整体来说,背景音乐和视频画面的节奏匹配度越高,视频的画面越有感染力，越容易触动观众的情绪。所以，短视频创作者花时间培养节奏感还是很有必要的。

3. 别让背景音乐喧宾夺主

背景音乐虽然很重要，但它对整个短视频只起到锦上添花的作用，所以，千万别让背景音乐抢了视频本身的风头。最好的背景音乐，是让用户观看视频内容时，既感受到了音乐和视频高度契合的美感，同时又忘记了背景音乐的存在。

为了达到上述的观看境界，背景音乐最好选择纯音乐、轻音乐，不要选感染力很强的歌曲，否则观众很容易受到歌曲的感染，从而忽视了视频本身的光芒。比如抖音美食账号"日食记"，在音乐选择方面就非常成功，主要以舒缓温情的英文歌为主，分寸把握得也很到位。

4. 巧妙查找配乐

要想选到恰如其分的背景音乐，必须多听、多感受，以培养对音乐的感觉，提高对音乐的敏感度。当然，对于配乐的选择，也有一些"立竿见影"的技巧。比如通过各个音乐平台和 App 的歌单来查找，或者在一些专业的音乐曲库中进行定向查找。

以抖音为例，抖音创作者可以通过一帧平台的抖音音乐热度榜来查找自己需要的背景音乐。在一帧平台的抖音音乐热度榜中，抖音前 100 首音乐的名称、制作人、使用总量、使用增量等信息都清晰可见。创作者在热度榜中能进行日榜、周榜、自定义区间的选择，然后根据自己搜索的结果进行针对性的筛选。

5. 不会选音乐，就用轻音乐

轻音乐在短视频领域的使用率是非常高的，因为和其他类型的音乐相比，它具有包容度高、情感色彩淡、对视频兼容性高等特点，很少出现音乐和视频有违和感的情况。

例如抖音上流量极高的美食类视频，它们的创作者通常会选择一些让人听起来有幸福感或悠闲感的轻音乐，这类音乐治愈感强，能让用户在享受美食视频画面的同时，享受到身心的愉悦感，大大提升了用户的体验感和满意度。

第 10 章

剪辑：用匠心让短视频效果更上层楼

短视频平台上各式各样酷炫的视频，除了离不开高超的拍摄技巧，还要依靠高超的剪辑技巧。剪辑是短视频创作中非常重要的一环，可以说没有剪辑，就不可能有短视频平台上一部部优秀的短视频。

本章就和大家聊一聊，如何通过剪辑让短视频的效果更上一层楼。

本章导读

10.1　认识短视频剪辑

10.2　视频画面过渡不自然的问题

10.3　节奏感把握的问题

10.1 认识短视频剪辑

一个短视频的成功,绝对离不开后期的剪辑。下面我们就聊聊短视频剪辑的原则和步骤。

10.1.1 短视频剪辑的原则

做任何事情都要遵循一定的原则,短视频剪辑也不例外。下面就一起看看短视频剪辑的原则吧。

1. 情感表达

情感表达是短视频不可或缺的一部分,而剪辑能让短视频的情感表达更丰富、更有力。所以在对短视频进行剪辑时,一定要注意情感表达的问题。

2. 有吸引力和感染力的情节

情节可以说是视频的核心部分,一个好的短视频,必须有新颖、独特、富有吸引力和感染力的情节,而剪辑对情节也起着至关重要的作用。在对短视频进行剪辑时,要取其精华,去其糟粕,删掉那些烦冗多余的情节,做到连贯、精炼,不拖泥带水。

3. 节奏

正如歌曲必须有顿挫抑扬的节奏感，才能美妙动听、令人陶醉；故事必须有跌宕起伏的节奏感，才能扣人心弦、引人入胜。短视频剪辑也要有节奏感，它能让情节的发展紧张有序、环环相扣、妙趣横生，避免松散混乱、苍白枯燥，让观众觉得索然无味。

4. 视觉跟踪

视觉跟踪，通俗地说就是你想给观众看什么，观众就看什么，也就是由你来引导观众视觉焦点的移动。

5. 遵循轴线规律

在拍摄短视频时，无论角度、运动多复杂，都要确保画面沿着轴线运动，反之就是越轴。剪辑也要遵循轴线规律，否则很容易让观众产生空间错乱的感觉，大大降低观看的舒适度。

10.1.2 短视频剪辑的步骤

现在拍短视频的人很多，但是懂短视频剪辑技巧的人却很少。下面就为创作者们分享有关短视频剪辑的知识，我们先从短视频剪辑的步骤开始（见图 10-1）。

图 10-1 短视频剪辑的步骤

1. 粗剪辑

短视频的剪辑工作一般都由电脑完成。在短视频拍摄过程中，可以进行第一次剪辑，也就是粗剪辑。剪辑时，将拍摄素材按照剧本的顺序拼接，编辑成没有视觉效果、叙事和音乐的版本。

2. 精剪辑

第一次剪辑结束后，接下来进入第二次剪辑阶段，也就是精剪辑阶段。在这一阶段，先要对粗剪辑中不满意的部分进行修改，然后要把特效部分合成视频，并根据策划或导演的想法对视频内容进行调整。

3. 色彩设置

精剪辑完成后，导演、摄影师先确定视频的色调，然后由调色师调整视频的整体色彩，在此期间，需要按照短视频材料和导演的要求对短视频的色彩进行适当调整，最终完成短视频的配色工作。

4. 配乐

由于短视频的时长比较短，所以在剪辑时，需要用节奏较快的配乐来加快视频的节奏。配乐可以选择作曲、选曲两种形式。

作曲的音乐完成度高，和短视频画面的匹配度也高，价格也比较高，如果预算充足，可以考虑作曲。

选曲虽然不如作曲那么完美，但胜在性价比高，非常适合短视频个人账号使用，但是在选择时须注意版权问题。

5. 特效输入

特效是短视频剪辑的关键阶段。对短视频中无法拍摄或拍摄效果较差的镜头，用特效的方式进行制作。这项工作要用专业的特效软件来完成。观众看到的那些视觉效果很好的视频，特效输入一般都完成得很好。

6. 检查画面和声音

检查画面，主要是检查哪个地方的画面搭配不协调、有没有重复的片段、短视频末尾有没有空白出现、短视频有没有丢帧的情况、字幕有没有错别字等。

检查声音，主要是从观众的角度出发，看声音的大小是否合适，声音太小或者太大都可能造成观众的不适感，甚至影响观众的观看情绪。

10.2 视频画面过渡不自然的问题

短视频剪辑中经常出现一些疑难问题，比如视频画面过渡不自然、节奏感把握不好、镜头画面出现留白等。

短视频剪辑经常要把一些不同的视频素材剪辑到一起，如果处理不当，就可能出现视频画面过渡不自然的问题。那么，视频画面过渡不自然到底是什么原因造成的呢？有没有什么解决办法呢？

1. 视频画面过渡不自然的原因

视频画面过渡不自然，主要是由以下几方面原因造成的：

（1）不同的镜头之间组接逻辑不连贯。比如上一个镜头是两个孩子玩游戏，下一个镜头是高铁快速行驶。如果两个镜头之间没有什么内在的逻辑联系，观众的大脑就无法将这两个镜头顺畅地连在一起。

（2）轴线关系混乱。轴线关系是指拍摄对象和摄影机之间形成的空间关系。剪辑短视频时，尤其是在剪辑故事片类的短视频时，如果将两个轴线关系混乱的镜头组接在一起，视频中的空间关系就会显得错乱，让观众感到迷惑，典型的表现就是搞不清演员到底朝哪个方向运动。

（3）音乐、音效失位。很多剪辑只看画面不听声音会有很强的跳跃感，但是加上适当的音乐后，会吸引观众的部分注意力，分散观众对画面的感知度。比如两个内容差异很大的视频组接在一起，如果没有任何音乐或音效，就会显得很突兀、很生硬；但是，如果在视频中加入音乐，并且在音乐节奏特别强的重音点进行剪辑，视频看起来就会流畅得多。

2. 解决方法

想解决视频画面过渡不自然的问题，让画面过渡得自然一些，可以运用以下几个方法：

（1）把第一个视频的最后两帧和第二个视频的开头三帧，每帧都调成不同的颜色。

（2）在音乐重音的位置空一帧，做类似眨眼、闪烁的效果。

（3）在前一个镜头的后两帧和后一个镜头的前两帧添加方向模糊的效果，这样呈现出的效果就是镜头模糊之后立刻清晰地出现下一个镜头，不影响观众的观看体验。

（4）前一个镜头的最后两帧分别放大150%和250%，后一个镜头的开头两帧分别放大300%和200%，然后恢复到原来的大小，做出类似画面弹动的效果。

3. 镜头画面天头留白的问题

在视觉设计中，留白非常重要，整幅设计图不能排布过满，否则会显得拥挤，影响视觉的美感。

在进行视频剪辑时，镜头画面的留白同样也很重要。剪辑视频时镜头画面的留白问题通常出现在天头留白上，一般是镜头中的主要元素（通常是人物）上方留白不够。

这个和视觉设计不同，因为剪辑视频是把不同的画面剪辑到一起，前后两段画面因为拍摄手法不同，难免会出现天头留白不一致的情况。

要想解决这个问题，可以在剪辑视频时，尽量选择具有天头留白的画面进行组接。如果实在找不到天头留白画面的镜头，那就只能在视频内容上下功夫了，尽量选择那些情节精彩、画面感丰富的画面进行组接，这能在很大程度上弥补没有天头留白的缺憾。

需要注意的是，在进行画面组接时，要么将两个都有正确天头留白的画面组接到一起，要么将两个都没有天头留白的画面组接到一起，一定不能将有正确天头留白的画面和没有天头留白的画面组接到一起。

10.3 节奏感把握的问题

短视频画面虽然时间短,但也是有节奏感的。短视频的画面节奏感和歌曲的旋律节奏感或小说的情节节奏感一样,都讲究轻重缓急、抑扬顿挫、跌宕起伏。缺少节奏感,观众就会觉得视频平淡如水、味同嚼蜡,提不起观看的兴致。

短视频的画面节奏感,一般都是通过剪辑产生的,而要想达到最佳的剪辑效果,就必须结合背景音乐进行剪辑。

具体操作时,要选择在背景音乐的重音时对画面进行剪切过渡(切镜头),这样短视频的画面节奏才会显得舒缓有致。

不过,剪切画面的频率不能过高,因为人的眼睛识别画面内容需要一定的时间,如果随着重音剪切画面的频率过高,眼睛和大脑就要不断去识别新的画面内容,这种视觉的中断会打断大脑思维的连贯性,让人感觉很不舒服。

1. 根据节奏缓急放镜头

背景音乐的节奏有急有缓,在背景音乐节奏舒缓的时候,可以放长一点的镜头,比如有叙事或情节的镜头;在背景音乐的节奏急促的时候,剪切速度也应该加快,放一些有强烈动势的镜头,比如奔跑、激烈的打斗等。

2. 视频镜头张力与节奏感的关系

镜头的张力,说白了就是镜头表面上看是静止的,实际上里面蕴藏着巨大的能量,一触即发。

比如《侏罗纪公园》中有一个镜头:小男孩和恐龙处在同一个画面中,但恐龙并没有发现小男孩,小男孩暂时是安全的,但下一个镜头这种安全就可能被打破,高潮可能就会被引爆。也就是表面看似平静的镜头下蕴藏着暴风骤雨般的情绪冲突或矛盾冲突。这就是镜头的张力。

当冲突爆发时,尤其是达到高潮时,整个画面中会出现大量的激烈动作,比如奋力追逐、暴力打斗等,相应地也会出现大量的移动镜头,比如极速推拉、快速切换镜头等。剪辑的节奏也应该随之变快,甚至一个动作刚有动势就立即切换。

当你剪辑出的视频画面能调动观众的情绪,将观众的情绪代入视频的情节中,那么剪辑就算成功了。

第11章

短视频运营工具箱：让你的创作事半功倍

孔子云："工欲善其事，必先利其器。"意思是工匠要想把工作做好，一定要先让工具锋利起来，这样才能事半功倍。

制作、运营短视频也是如此，只有先掌握一些短视频制作、运营的工具，才能提高短视频的制作效率和运营效率。

本章导读

11.1 文案素材哪里找
11.2 图片素材哪里找
11.3 视频素材哪里找
11.4 视频剪辑软件
11.5 视频剪辑 App，让你成为短视频剪辑高手
11.6 配音软件，优化短视频配音

11.1 文案素材哪里找

文案对短视频创作起着非常重要的作用，一篇好文案往往能给短视频创作者带来意想不到的粉丝或收益。但是，对很多短视频创作者来说，文案写作是一个老大难的问题。特别是缺乏灵感的时候，甚至会一个字也写不出来。

其实写文案光靠想是很难想出来的，如果有一些参考，往往能让文案写作事半功倍。下面我们就一起看看能给短视频创作者提供文案的网站和 App 有哪些。

11.1.1 提供文案的网站

写文案最忌讳缺乏创意，千篇一律的文案不仅无法吸引人，甚至看多了会令人反感。那么，短视频文案怎么写才能既有创意又吸引人呢？这就需要多参看同类型的优质文案，一边学习借鉴，一边寻找灵感。

下面介绍几个可以为文案写作提供参考的网站。

1. Addog

Addog 是"广告人的网址导航"，汇聚了数百个创意文案网站，全网的广告案例、创意短片、创意文案、设计参考、广告书籍等，基本都能在这里找到。

点开网页，能看到短视频或图文形式的热门广告案例，以及微博、知乎、百度、B站的实时热点话题，另外还有热榜指数、数据洞察、效率工具、方案模板等非常实用的板块，对短视频创作者来说，既全面又实用。

2. 文案狗

文案狗主要为用户提供谐音创意方面的文案。使用时，只需输入相关的谐音字，就能生成相关的成语、诗词或俗语。

比如，输入"衣"字，就能得到"衣目了然""精衣求精""人生得衣须尽欢"等；输入"狗"字，就能得到"永汪直前""兴汪发达""不如相汪于江湖"等；输入"房"字，就能得到"房患未然""男儿志在四房"等；输入"机"字，就能得到"千方百机""一机之长"等。当你需要这方面的文案创作时，不妨从这个网站找找灵感。

3. 梅花网

梅花网集中了国际顶尖品牌产品的创意文案，多看看、多学学别人的文案创意设计，慢慢地你就能找到灵感。

4. TOPYS

TOPYS是全球各地顶尖文案分享平台，也是最受自媒体人欢迎的创意网站之一，能让你"抢先知晓全球最新鲜、最棒的创意资讯，扩充你的灵感库"，里面包含各种热门文案、广告、创意以及设计、建筑、艺术等方面的信息，不仅能为你的创作提供很好的借鉴参考，还能激发你的创作灵感。

短视频创作者在创作文案时，不妨浏览该网站，可能会有意想不到的收获。

5. 易撰自媒体工具

易撰自媒体工具是一个内容素材库，它采用数据挖掘技术对各大自媒体平台的内容进行整合分析，为自媒体作者提供实时热点追踪、爆文视频批量采集下载、标题生成等服务。

在这里，创作者不仅可以学习大量同行的优质内容，丰富自己的知识储备，还可以按照阅读量、时间、平台、自媒体账号、关键词等查询自己需要的素材，让自己的创作更高效。

11.1.2 提供文案的 App

下面再介绍几款能提供文案参考的 App。

1. 金桔语录

金桔语录是一款拥有海量美句的软件，里面的文案、语录不仅多，而且分类十分详细，比如有爱情的、伤感的、迷茫的等，通过搜索关键词，你能快速找到想要的文案。

此外，这个软件每天都会更新自己的文案、语录，让你每天都有不一样的收获。

2. 天天文案

天天文案是一款文案素材类软件，该软件不仅拥有海量的文案素材，而且种类丰富、内容齐全，幽默的、伤感的、励志的、文艺的等应有尽有，并且每天持续更新。

3. 文案馆

文案馆是一款专门为喜爱阅读的人设计的软件，里面所有的文字和图片都是免费的，既有优质的文章、丰富的文案素材，又有很多美丽的图片。而且软件整个界面的设计简洁大方，你可以轻轻松松找到自己想要的句子、文章或图片。

同时，文案馆还提供了互动功能，不仅可以对有感触的文章进行评论，还可以和线上的小伙伴一起结伴追书，交流阅读经验。

在这里，你可以把自己想说的尽情发布出来和粉丝互动交流，可以跟众多有共同爱好的朋友分享自己的感悟、思想和灵感，慢慢地，你的知识会越来越渊博，你的思路会越来越开阔，你的思想会越来越丰富，你的文案创作能力会越来越高。

4. 简桔

简桔是一款实用且方便的文案软件，不仅所有的功能都可以免费使用，带给创作者更多便利，而且清新美观的界面能带给用户良好的使用体验。在这里，既可以一键生成一个朋友圈鸡汤文案，也可以生成一些搞笑的段子，还可以编辑你的朋友圈、心得和感悟。

11.2 图片素材哪里找

制作短视频，必须要有图片素材，下面就介绍一些能提供图片素材的网站和 App，供创作者学习和参考。

11.2.1 图片素材网站

图片是很多短视频的组成元素，下面就介绍几个能提供图片素材的网站。

1. Pixabay

Pixabay（网址：http://pixabay.com）是一个为全球用户提供高质量图片共享的网站。它有大量的照片、插画、矢量图片以及视频资源，不仅数量庞大、种类丰富，而且完全免费，没有任何版权限制。不仅如此，它还为用户提供了快速搜索和下载功能，能帮助用户更好地查找资源。

2. Pexels

Pexels（网址：http://www.pexels.com）是一个著名的图片素材免费分享平台，每周会定量更新一些图片。由于 Pexels 的图片都是人工采集的，因此更新速度比较慢，更新数量也不是很多，但是图片的质量非常高。

Pexels 上的每张图片都可以显示其详细信息，比如拍摄像机的型号、光圈、焦距、分辨率等，以方便创作者寻找更适合自己的素材。

3. Visual Hunt

Visual Hunt（网址：http://visualhunt.com）最大的特点是能通过颜色搜索相应的图片，如果你有制作同色系内容的需求，不妨逛逛这个网站。

4. Gratisography

Gratisography（网址：http://gratisography.com）是一个清晰度高的摄影图片库，里面有很多让你脑洞大开的创意图片，多看看这个网站，能大大提高你的想象力和创作力。

11.2.2 图片编辑工具

有了图片素材，要想做成短视频，还必须对图片进行编辑。下面就介绍几个图片编辑工具。

1. PicsArt 美易照片编辑

PicsArt 美易照片编辑是一款免费的图片编辑软件，不仅可以直接绘图，还可以给照片添加文字、增添艺术效果。

该软件在功能方面主要具有以下特点：

（1）照片编辑：不仅能对照片进行剪切、剪辑、拉伸、克隆、添加文本和调整曲线，还具有艺术照片滤镜、画框、背景、边框、插图编号等功能，让你的照片独具特色。

（2）贴纸：不仅有免费的贴纸可以随意用，还可以绘制模式贴纸、自定义贴纸和剪贴画等。

（3）滤镜：主要包括Sketch、艺术效果、流行艺术、模糊效果等，能让照片呈现出更炫酷的视觉效果。

（4）分享：在PicsArt发布照片的同时，可以通过微博、微信、微信朋友圈、QQ、抖音等平台分享给家人和朋友。

2. Snapseed

Snapseed是日常处理照片的最佳软件，它拥有全面又专业的修图工具，简单又精致的照片编辑效果。通过这个软件，你手指轻轻一点，就能轻松对照片进行美化、转换和分享。

该软件在功能方面主要具有以下特点：

（1）调整：轻轻一点"自动校正"就可以自动调整你的照片；使用"调整图像"能对你的照片进行调整；使用"选择性调整"能对照片的特定对象或区域进行美化。

（2）滤镜：具有各种有趣且极具创意的滤镜，例如怀旧、戏剧、复古、杂质等。

（3）相框：具有多种特色相框，能为美化照片起到锦上添花的作用。

（4）分享：可以通过电子邮件、Google+以及其他内置分享方式，和亲朋好友轻松分享你的作品。

3. 美图秀秀

美图秀秀不仅功能齐全，可以为用户提供美化图片、人像美容、一键抠图、拼图、快速P图、贴纸、边框、批处理、证件照设计、九宫切图、动态照片、基于AI技术的动漫化身等功能，而且操作十分简单，基本上懂电脑操作就能使用。

4. 稿定设计

稿定设计是一个功能齐全的图片编辑工具，被誉为"零基础1分钟作图神器"，不仅有在线抠图、制作主题海报、溶图、视频九宫格拼接等功能，还有大量的海报和视频模板，使用起来非常方便。

11.3 视频素材哪里找

制作短视频，必然离不开视频素材，下面就介绍几个视频素材网站。

1. 预告片世界

预告片世界（网址：https：//www.yugaopian.cn/）不仅拥有最新、最全的电影预告片，而且可以免费下载。该网站收集了每一部电影最精华的片段，如果你打算做影视剪辑类的短视频，不妨选择这个网站，因为它可以让你轻松获取每一部电影的精彩场景，从而大大提高制作效率。

2. Distill

Distill（网址：http：//www.wedistill.io/）是一个免费视频平台，基于

版权共享协议，即 CC0 协议，是知识共享组织 Creative Commons 于 2009 年发布的一个版权声明工具，在 CC0 协议下，作者宣布放弃该创作的一切版权，该创作进入公有领域，任何人不具有所有权，这些作品可以被自由地复制、修改、分发和演出，甚至用于商业目的。

该网站大量 10~30 秒的高清视频都能随便下载。这些视频虽然是免费的，但都是经过精心策划的内容，用这些视频素材制作成短视频，肯定能为你吸引大批量的粉丝。

当然，如果你拍摄或制作出了高品质的视频，也可以发布在这个网站上，说不定会被一些商业项目的制作人看中呢。

3. Mazwai

Mazwai（网址：http：//mazwai.com/）是一个优秀的视频分享网站，该网站发布的免费视频都是经过精挑细选的，目的就是为创作者、设计师、艺术家和创意工作者提供高品质的视频资源，以帮助他们创作出或设计出更优秀的作品或产品。

需要注意的是，该网站所有的视频内容都是依据 CC3.0 协议，即 CC-BY-SA-3.0 协议，是 Attribution-ShareAlike 3.0 Unported 的中文版本，中文名为署名 – 非商业性使用 – 相同方式共享协议发布的，根据该协议的规定，在使用这些视频作品时只需标明原作者就行了。

4. 音丝范

音丝范（网址：http：//www.yinfans.me/）不仅有大量 4K 高清无水印优质电影，而且有世界受欢迎的电影明星作品排行榜和相关作品的介绍。

如果你打算做人物系列作品盘点类或人物混合剪辑类的短视频，选择这个网站很合适。

5. 好莱坞电影手册

好莱坞电影手册（网址：http：//www.moviesoon.com/）是国内粉丝组织制作的一个网站，它不仅提供电影资源的直接免费下载，而且还会介绍一些电影快讯和即将上映的新电影，是短视频创作者获取新电影资源的首选平台。

6. B 站

B 站（网址：https：//www.bilibili.com/）是哔哩哔哩（英文名 bilibili）的简称，是年轻人高度聚集的文化社区和视频平台，该网站不仅内容丰富，而且有分类和标签功能，直接搜索相应的标签，就能看到很多类型的素材，是短视频创作者寻找素材的绝好去处。

7. Pexels Videos

在刚才的图片素材网站里我们提到了 Pexels 的图片，Pexels 的视频和图片一样，都是符合 CCO 协议的，可以免费下载使用（网址：https：//videos.pexels.com/），无须顾虑版权问题。

8. Videezy

Videezy（网址：http：//www.videezy.com/）是世界上最大的视频素材分享社区，里面的视频素材质量非常高，有的来自专业摄影师，有的来自业余摄影师。

在该网站搜索视频素材时，可以输入关键字进行搜索，也可以按照时间和类别进行搜索，不过要注意，它目前只支持英文搜索。该网站的视频素材分为免费和付费两种，这两种素材都可以下载用于个人或商业用途。

9. Videvo

Videvo（网址：http：//www.videvo.net/）是一个免费分享高清视频素材的网站，该网站目前拥有近 3000 个高清视频短片，并且每周更新一次。此外，它还有近 8000 种免费的素材和动态图形剪辑。除免费内容外，它还为用户提供扩展的视频和音频内容库。

11.4 视频剪辑软件

视频剪辑软件有很多，现在简单介绍几款常用的，希望对创作者创作、剪辑短视频有所帮助。

1. 万兴喵影

万兴喵影，原名是万兴神剪手。这个视频剪辑软件的特点可以用三个字来概括：简、便、全。

（1）简：短视频时代，人们在利益的驱使下，往往求快、求简，恨不得几分钟就把一个短视频做好，所以他们对剪辑软件的首要要求就是简单、好掌握、易上手。

万兴喵影就具有这个特点，零基础的人也能掌握它的使用技巧，轻松用它编辑视频。而且其会提供软件使用教程，根据教程，一般人几个小时就能学会这个软件的使用方法。

（2）便：万兴喵影是一款非常便捷的视频剪辑软件。比如你想做 vlog 视频或视频相册，既可以在网上付费下载 Pr 模板，也可以直接使用万兴喵影上面的模板，它的模板都是预先配置的，使用起来非常方便、快捷，能大大节省你的时间。

（3）全：万兴喵影功能齐全，几乎可以满足所有人的需要。我们可以用它来剪辑抖音短视频、B 站视频、vlog、电子相册、家庭视频等，而且它还有绿幕抠图功能。不过，正因为功能强大，简单好用，这款软件没办法免费使用，想用的创作者，免不了要花点钱了。

2. 拍大师

拍大师是一款简单好用、功能强大的视频创作软件，由爱拍原创——"年轻人的原创娱乐首选地"推出。其主要功能包括：支持画面的同步录制、自动截图、配音配乐、特效处理、动感相册、手绘涂鸦、视频剪辑、添加字幕、炫丽特效、导出 GIF 聊天表情等，且屏幕录像兼容所有游戏。

3. 快剪辑

快剪辑是一款功能齐全、操作简捷、可以在线边看边剪的免费 PC 端小视频剪辑软件，由 360 公司推出。它的优点是永久免费，无强制片头，与其他视频软件相比，剪辑更快速高效，还可以添加多种特效，大大降低了短视频的制作门槛，提高了用户制作视频的效率。不过，这款软件功能比较少，可以用作辅助性软件使用。

4. 爱剪辑

爱剪辑是一款简单易用、功能强大的视频剪辑软件。它以符合国人的使用习惯、功能需求与审美特点为设计的出发点，许多创新功能都颇具独创性。

这款软件最大的特点就是操作简单，就算你没有任何视频剪辑基础，不懂"时间线""非编"等专业词汇，照样能利用爱剪辑做出出色的短视频。而且这款软件功能也很强大，号称迄今为止最全能的免费视频剪辑软件：支持各种视频与音频格式、逼真的文字特效、最多的转场特效、最全的卡拉 OK 效果、最炫的 MTV 字幕功能、缤纷多彩的相框功能、多种贴图动画效果……不过，它也有缺点：视频必须带上爱剪辑的片头和结尾。

5. 会声会影

会声会影的英文名为 Corel VideoStudio，是由加拿大 Corel 公司推出的一款功能强大的视频编辑软件。这款软件具有图像抓取和编修功能，可以抓取、转换 MV、DV、V8、TV 和实时记录抓取画面文件，并提供 100 多种的编制功能与效果，可以导出多种常见的视频格式。

这款软件虽然无法与 Pr、AE、EDIUS 等专业视频处理软件相媲美，但它简单易懂易操作、功能也比较丰富，不仅适用于普通大众剪辑影片、短视频，甚至可以挑战专业级的影片剪辑软件。

这款软件还具有影片制作向导模式，可以快速做出 DV 影片，就算是入门新手，也可以体验影片剪辑的乐趣。

6. Pr

Pr 全称为 Premiere，是由 Adobe 公司推出的一款专业剪辑软件，是基于非线性编辑设备的视频和音频编辑软件。其主要功能是进行视频编辑，由它编辑的视频不仅画面质量好，而且具有很好的兼容性。这款软件应用十分广泛，像广告制作、电视节目制作、电影剪辑等都会用到它。

不过，这款软件对电脑的配置要求比较高，如果你的电脑配置比较低，可能需要你升级电脑配置或者购买新装备。另外，它还有三个兄弟软件 AU、PS、AE，都是由 Adobe 公司推出的，这四个软件内部的快捷键是相同的，会了其中一个，其他几个差不多也就会了。

7. AE

AE 是 Adobe After Effects 的简称，是一款用于高端视频特效系统的专业特效合成软件，适用于从事设计和视频特技的机构，包括电视台、动画制作公司、个人后期制作工作室、多媒体工作室等。这款软件把视频特效合成技术推向了一个新高度，很多影视大片的特效都是用这个软件制作的。

8. EDIUS

EDIUS 是由美国 Grass Valley（草谷）公司推出的一款非线性视频编辑软件。

这是专门为广播和后期制作环境而设计的一款专业剪辑软件，特别针对新闻记者、无带化视频制播和存储。这款软件拥有完善的基于文件的工作流程，可以提供实时、多轨道、多格式混编、合成、色键、字幕和时间线输出功能，几乎适用于所有视频格式，同时支持所有 DV、HDV 摄像机和录像机，是业界公认的视频剪辑必备工具。

这款软件的功能和 Pr 基本相同，但操作难度比 Pr 小，所以很多人会选择它。不过，这款软件对电脑的配置要求也比较高，不太容易上手，想用它的创作者，请做好心理准备吧。

9. Vegas

Vegas 是一款由 Sonic Foundry 公司推出的专业影像编辑软件，是 PC 端最佳的入门级视频编辑软件，可以和 Premiere、After Effects 相媲美。这款软件剪辑、特效、合成一气呵成，操作界面简洁高效、功能强大，可以让用户更简易地创作更丰富的影像。

11.5 视频剪辑 App，让你成为短视频剪辑高手

用手机剪辑短视频，既简单又方便，刚入门的新手也很容易上手。下面整理了一些用于短视频剪辑的手机 App，希望对创作者有所帮助。

1. 剪映

剪映是抖音官方推出的一款短视频剪辑 App，剪映账号与抖音账号互

通，用剪映完成的作品可以一键发布到抖音。

它集合了同类软件的很多优点，是一款非常全面的短视频剪辑工具。

（1）剪辑视频：剪映支持同时导入多个素材，选中视频片段或点击剪辑就能对视频进行截取。以分割为例，把视频拖到需要剪辑的部分，点击分割，可以直接将一段视频分成两段，点击视频衔接处，可以为两段视频增加转场特效。也可以为单个视频添加各种特效，比如电影感、模糊、磨砂纹理等。

（2）寻找音乐：视频剪好后，接下来就是为视频添加背景音乐和音效了，既可以选择剪映自带的背景音乐、音效，也可以提取其他视频的背景音乐，还可以录制旁白解说、给视频配音等。背景音乐的长度可以根据视频的长度来调整，也可以只截取需要的部分，非常方便。

（3）自动踩点：剪映具有自动踩点功能，即自动根据节拍、旋律对视频进行打点，剪辑视频时，根据这些标记剪辑即可。剪映中的时间线支持双指放大或缩小操作，非常方便。

（4）添加字幕：剪映不仅支持手动添加字幕，还支持自动语音转字幕。字幕的文字可以设置多种字体样式和动画样式，而且文字层也支持叠加，退出文字选项后，这些文字层就会自动隐藏，不会抢视频、音频这两位主角的风头。

（5）添加贴纸：剪映的美颜、贴纸效果在同类 App 中是数一数二的，在它的特效选项中，有很多神奇的模板，比如给视频套一个老款电视机的模板，效果非常不错。

2. 快影

快影是快手推出的一款视频剪辑App，快影账号与快手账号互通，用快影完成的作品可以一键发布到快手。

快影不仅具有分割、旋转、倒放、变速等多种剪辑功能，而且拥有几十款电影胶片级的滤镜以及海量的音乐库和音效库。剪辑出来的视频可以直接分享到快手平台，也可以一键导出到本地相册。

3. 必剪

必剪是B站推出的一款视频剪辑App，必剪账号与B站账号互通，用必剪完成的作品可以一键投稿到B站。

必剪具有高清录屏、变声、音频提取、一键倒放等功能。

B站具有代表性的"一键三连"logo等，也都收录在必剪的素材库中。如同剪映和快影内嵌了各自平台风格的视频模板一样，这些元素也保证了UP主可以通过简单的操作做出有着鲜明B站画风的作品。

4. VUE

VUE是一款短视频拍摄和剪辑软件，除了配乐、文字等基本功能外，它还有调速功能和大片质感的滤镜、美颜效果。

VUE不仅能任选拍摄长度，还能调整视频画幅，比如视频画面可以设置成电影式的超宽屏画幅，还可以设置成圆形画幅，这是VUE所独有的。

此外，VUE还有视频社区功能，在视频社区里，你不仅能发现有趣的人和事，还能结交志同道合的朋友。

5. 秒简

秒简是腾讯推出的一款视频剪辑 App，它打通了视频号，只要你通过微信登录，该工具就能自动识别你的微信相应的视频号元素，为你匹配更加精准的相关素材。

秒简跟 VUE 的调性相近，里面有大量的 vlog 模板和素材，特别适合制作一些生活类的短视频作品。

6. Quik

Quik 有很多高质量的模板，每个模板都有独特的转场效果，可以做出令人耳目一新的效果，而你的视频或图片只是起到内容填充的作用。

Quik 不但每个模板自带优质的背景音乐，还支持从外部导入更多的音乐。而且它还专门有一个界面让你来调整背景音乐的时间，以使它和画面同步，让整个视频更具有节奏感。

Quik 还具有独特的"闪回"功能，它能读取手机相册里的照片和视频，然后挑选某个时间段里的内容快捷地生成一条视频。

7. InShot

InShot 是一款非常热门的视频剪辑 App，抖音上的很多热门视频都是用它进行后期制作的。InShot 的剪辑功能非常全，裁剪、拼接、过渡、变速、滤镜、贴纸、字幕、倒放、旋转等功能不仅一应俱全，而且能任意调节视频比例。

InShot 还有很多超级实用的小功能，比如给视频套框、修改不同的背景图和背景色、裁切视频画面、调节视频速度、提供转场效果、免费音乐曲库、免费动态贴纸、电影感的滤镜和特效,支持从外部导入贴纸和字体等。

InShot 最可贵的地方是它的社交属性,它支持分享视频到抖音、快手等短视频 App,非常方便和人性化。

8. 猫饼

猫饼自带各种教程,变速、倒转、拆分视频等都能实现。在添加背景音乐时,可以利用节奏踩点功能将音乐波形添加到关键点,再根据关键点进行视频的剪辑。

猫饼的剪辑步骤细致而清晰,有利于视频的精细剪切。猫饼的滤镜由电影调色大师亲自操刀,质量非常高,并且可以分别给每个视频片段添加滤镜。

猫饼拥有多款设计精妙的文字样式,添加文字时不仅能选择字体和颜色,还能同时添加多条字幕,特别适合为短视频配字幕。

猫饼的剪辑功能十分强大,它拥有连剪、快剪、跳剪等多种炫酷的剪辑功能,用户可以利用这些功能制作剪辑一些有趣的视频,并分享到猫饼的内容社区。

9. 传影

传影最大的特点就是拥有丰富的模板,无论是产品推广、企业宣传还是家庭相册等,都有模板,而且能一键套用。不仅如此,为了应对不同的场景需求,传影一直在持续更新当下热门视频与海报创意模板。如果你的时间和精力有限,传影是你用来剪辑短视频的一个绝佳选择。

10. 巧影

除了基本的视频剪辑功能，巧影还可以单独建立一个编辑窗口，使剪辑更准确、更方便。巧影拥有强大的转场功能，使镜头转换看上去自然、柔和。

巧影具有 Pr 和 AE 的双重优势，不仅能多图层操作，实现画中画的效果，还能像 Pr 一样把音频分离，实现多轨道音视频剪辑。

此外，巧影还具有色度键合成功能，可以一键抠图，可以录制画外音，并且还有多种变声素材，可以实现一人分饰多个角色。

11. 迅捷视频剪辑

迅捷视频剪辑软件操作非常简单。这个软件功能十分丰富，视频剪辑功能基本齐备，还包含很多视频剪辑的素材，比如文字、滤镜、转场、叠附、配乐等，都能直接套用，可以轻轻松松剪辑视频，堪称视频剪辑入门者的福音。

12. ArcTime

ArcTime 是一个功能强大的免费字幕软件，主要用于编辑短视频的字幕，可以在 Mac、Windows、Linux 系统上运行，不仅能快速创建和编辑时间轴，还能对文本进行编辑。

ArcTime 的操作非常简单，先导入需要添加字幕的视频文件，再导入提前准备好的 txt 字幕文本，然后点击工具栏上的快速拖拽创建工具，随着视频的播放，跟随音轨实现字幕的添加。添加完成后，把时间轴拉到最前面，可以观看字幕的呈现效果。

11.6 配音软件，优化短视频配音

配音软件能优化短视频的配音效果。下面就推荐几款实用的短视频配音软件：

1. 清爽视频编辑器

清爽视频编辑器是一款手机视频剪辑软件，它不仅剪辑功能强大，配音功能也不比专业的配音软件差，比如用它录完音可以试听，可以分段删除配音，还有好玩的变音功能，称得上是一款超实用的短视频配音软件。

2. 蜜蜂剪辑

蜜蜂剪辑也是一款视频编辑软件，不仅支持手机、电脑等多种设备，而且剪辑效果非常好。最重要的是它支持文字转语音，能自动给视频配音，大大提高了配音的效率。

3. 培影

培影的核心功能是在线视频配音，利用语音合成技术，轻松实现一键视频配音，把文字在线实时转变成语音，非常方便、快捷，抖音、快手等短视频都能实现在线配音。

培影有多种配音主播可以选择，中文、英文、方言、童声等均可选择添加，能满足不同场景配音的需求。

4. 讯飞配音

讯飞配音是一款文字转语音的语音合成配音软件，可以提供合成配音和真人配音为一体的一站式配音服务。

在合成配音方面，其自然度和清晰度已经达到专业主播水平，能大大提高配音效率。在人工配音方面，它拥有由业内资深配音老师组成的专业配音和后期制作团队，能提供品质一流的配音作品。

5. 配音师

配音师具有智能文字转语音、真人文字配音、图片转视频、视频编辑、视频配音等多种功能。它不仅音质优良，而且操作简单、灵活性好、时效性高，是一款非常不错的短视频配音软件。

6. 语音合成助手

语音合成助手是一款文字转语音软件，它的功能非常强大，比如：它能把文字合成声音文件，超市促销的声音、地摊叫卖的声音、影视配音、小说音频等声音文件都能用它制作出来；它除了支持普通话、英文发音，还支持广东话、四川话、东北话、河南话、陕西话等各种方言。